Matt Galan Abend
Der Weg zur Meisterschaft

Verlag Via Nova

Matt Galan Abend

DER WEG ZUR
MEISTERSCHAFT

Die Lebensgeschichte des Autors
als spannendes Lehrbeispiel

Verlag Via Nova

1. Auflage 2016
Verlag Via Nova, Alte Landstr. 12, 36100 Petersberg
Telefon: (06 61) 6 29 73
Fax: (06 61) 96 79 560
E-Mail: info@verlag-vianova.de
Internet: www.verlag-vianova.de
Umschlaggestaltung: Guter Punkt, München
Druck und Verarbeitung: Appel und Klinger, 96277 Schneckenlohe

© Alle Rechte vorbehalten

ISBN 978-3-86616-383-6

Inhalt

1 • Warum ich dieses Buch geschrieben habe 9
Jeder Mensch ist eine Manifestation der göttlichen Urquelle.
Im Leben eines Menschen geschieht nichts zufällig.
Die Diskrepanz zwischen Fühlen und Wissen.
Die zentrale Lebens-Lernaufgabe.
Wir werden an einer langen Leine geführt.
Das Leben wird vorwärts gelebt, aber erst rückwärts verstanden.
Das Leben als Kampf oder als Spiel?

2 • Die Startposition eines Menschen 23
Schwierige Startpositionen bieten die größten Lernchancen.
Mein frühes Erleben von Todesangst.
Sprachlos geworden – verspotteter Außenseiter.
Die erste Schokolade – Gehirnerschütterung!
Der Letzte sein, mit dem man spielen wollte.
Die Nacht vor dem Briefkasten.
Die erste kleine Wende.
Der Humanist Karl Kreiner.
Das entdeckte Gedicht.
Die nächste Richtungsänderung.
Die Schriftsetzer-Lehre – Auf dem Weg zum Jünger Gutenbergs.
Das Abendstudium in Köln.
Der Zusammenbruch im Zug.
Der einundzwanzigste Geburtstag – endlich die Freiheit.
Anpacken, statt beklagen

3 • Der radikale Niveau-Wechsel 46
Die internationale Welt der Top-Kosmetik.
Sich in jeder Hinsicht freischwimmen.
Der Drang, selbst zu machen und selbst zu gestalten.
Eine gewisse Schlitzohrigkeit, die zum Erfolg führte.
Der Weg in der Werbeagentur bis zum Etat-Direktor.
Ein offenes Ohr für alle menschlichen Probleme.
Die eigene Agenturgründung.
Wie sich gute menschliche Beziehungen auszahlten.
David schlägt Goliath.
Genugtuung gegenüber denen, die mich verspottet hatten

4 • Der dritte Wechsel: Kunst, Kommerz, Tiere, Luxus 68
Wie sich Freundschaften bewährten.
Das Wasserschloss und seine Chancen.
Die Kunstgalerie als neue Spielwiese.
Damwildzucht, Pferde und ein kleiner Privatzoo.
Das angenehme Leben als Landlord.
Ein gewisser Größenwahn.
Das Erlebnis mit Sascha, danke dem Schutzengel.
Der überraschende Konkurs innerhalb weniger Stunden

5 • Die irische Zeit 82
Von der Ost- zur Westküste.
Eine denkwürdige Umleitung als erste Entschleunigung.
Die Häuschensuche für Freunde und Bekannte.
Die eigene staatliche Auctioneers-Lizens.
Der Größenwahn geht weiter.
Zwei Landsitze plus Hochseeyacht.
Irische Pubs als Büroersatz und Informationsquelle.
Das beschissenste Schiff Irlands.

Die Hochseeangelei als Einnahmequelle.
Das tief-spirituelle Wal-Erlebnis – eins sein mit allem.
Die örtliche Telefonzelle – nur Kabarett ist schöner.
Denis, der Postman, ein Mann für alle Fälle.
Minus statt Plus, der kleine Unterschied

6 • Zurück ins deutsche Business........................104
Erste Zuflucht bei Freunden im Partykeller.
Ein denkwürdiges Sauna-Erlebnis.
Das Sozialamt und die drohende Arbeit in der Baumschule.
Das Vorstellungsgespräch in München.
Größenwahn einmal positiv – nur über 200.000 DM.
Zwei Monate in Münchens Top-Hotels.
Das Büro in Zürich.
Der Versuch der Rücken- und Kreislauftherapie.
Zurück in Düsseldorf.
Die spirituellen Montag-Abende.
Die Busenpraxis

7 • Angekommen! Oder doch nicht angekommen?.........118
Praxis und Seminarhaus in Oberbayern.
Mein Erlebnis mit dem Milliardär.
Das erste Buch erscheint – meine Jungs haben geholfen.
Die Freude in den kleinen Dingen finden.
Wir können nicht ankommen.
Wir sind immer unterwegs.
Das Leben ist übergreifend

8 • **Salzburg**..133
Das Gefühl, nach Hause zu kommen.
Der Salzburger Dom – mein Wohnzimmer mit Predig-Verbot.
Der Unterschied zwischen Wissen und Fühlen.
Das Leben endet nie.
Wir werden an einer langen Leine geführt.
Alles gleicht sich immer wieder aus.

1

Warum ich dieses Buch geschrieben habe

Zunächst einmal möchte ich mich von dem Verdacht befreien, mich für so wichtig zu halten, dass ich die Nachwelt mit meiner Lebensgeschichte beglücken möchte. Nichts liegt mir ferner.

Ich bin ebenso wichtig oder auch unwichtig, wie auch jeder andere Mensch wichtig und andererseits auch wieder unwichtig ist. Wir sind immer nur Teil eines Ganzen, das aber wiederum in sich nicht teilbar ist, oder es wäre nicht das Ganze. Verzeihung, so etwas gleich am Anfang.

Ich bin weder ein Schlagersänger, Fußballspieler, Politiker, eine königliche Hoheit oder sonst etwas, was heutzutage für viele Menschen eben doch enorm wichtig wäre und nach Selbstdarstellungen in Buchform ja nahezu zu schreien scheint.

Verzeihung, aber auch königliche Hoheiten sind total unwichtig, oder wir sind es, die ihnen eine bestimmte Wichtigkeit zumessen. Dann sind sie eben für uns wichtig, was aber wiederum nichts über ihre tatsächliche Wichtigkeit oder Unwichtigkeit aussagt. Wenn sie auf der Toilette ihre Notdurft verrichtet haben, riecht es dort höchstens nach übermäßigem Lauchgenuss irgendwie durchlaucht. Es sind Menschen wie du und ich, und auch ihr Blut ist keineswegs blau.

Jeder Mensch ist gleichermaßen eine Manifestation der göttlichen Urquelle, gleichgültig, an welcher Stelle er gerade steht. Keiner steht von Natur aus höher oder tiefer. Erst wir stellen ihn höher oder tiefer! Wir sollten uns dessen bewusst sein.

Ich, der Autor dieses Buches, bin einfach nur ein Mensch, der seinen Weg gegangen ist, der nun täglich mit anderen Menschen arbeitet, sie an seinem erworbenen Wissen teilnehmen lässt und dabei den von ihm selbst gegangenen Weg als Lernmaterial offen darlegt.

Obwohl nichts wiederholbar ist, gab es doch in meinem Leben gewisse Grundeinstellungen und Verhaltensweisen, die sehr nutzbringend waren und heute auch für andere Menschen noch ebenso nutzbringend sein können.

Wie in all meinen Büchern biete ich also keine hochtrabenden Theorien, sondern einfach nur gelebtes Leben an.

> Weisheiten, die aus der Theorie entstanden sind,
> haben selten Bestand.
> Weisheiten, die das Leben schrieb,
> sind dagegen wetterfest.

Wie kam ich nun dazu, mein eigenes Leben als Beispiel zu nehmen?

Ich werde in meiner Arbeit sehr oft gefragt, auf welchem Weg ich an den Punkt gekommen bin, an dem ich heute stehe, und was ich jemandem empfehlen würde, der sich in die gleiche Richtung entwickeln möchte?

Sei es, dass er sich dazu berufen fühlt, sei es, dass er es als interessant empfindet, sei es, dass er einfach nur anderen Menschen helfen möchte usw. Die Motive sind so vielfältig wie die Menschen selbst.

Gott, wen oder was auch immer wir zunächst darunter verstehen, hat einen großen Garten, und in diesem Garten gedeihen die seltsamsten Pflanzen. Höchst langweilig, wenn es nicht so wäre.

Auf die Frage nach meinem eigenen Weg kann ich keine wirklich schlüssige und logische Antwort geben. Ich kann diesen Weg nur aufzeigen und versuchen, den tieferen Sinn der einzelnen Stationen und deren Lerninhalte deutlich zu machen und Sie dann daran – zumindest indirekt – teilhaben zu lassen. Welche Erkenntnisse Sie dann daraus für Ihr eigenes Leben ziehen, entscheiden Sie ganz alleine.

Zu meinem Weg gab es keinen von meinem Verstand erdachten Masterplan oder so etwas Ähnliches, wie es so gerne in solchen Rückschauen behauptet wird. Und doch muss so etwas wie ein Plan dagewesen sein, oder es hätte mich nicht dahin geführt, wo ich heute stehe.

> Es gibt keinen Zufall,
> nichts fällt uns einfach so zu.
> Alles hat einen Sinn, auch wenn wir ihn
> nicht gleich erkennen können.

Aber dieser Plan lag dann wohl auf einer ganz anderen Ebene als in meinem kleinen, begrenzten menschlichen Verstand und äußerte sich bei mir höchstens einmal in einem ungewissen Gefühl.

Es war etwas in mir, das ich zwar deutlich fühlte, aber mit meinem Verstand nicht ergründen konnte. Ich bin sicher, dass es bei Ihnen manchmal nicht viel anders ist, es sei denn, dass Ihr Verstand solche Gefühle inzwischen völlig verdrängt hat.

Nach dem geistigen Gesetz von Ursache und Wirkung gibt es keine Wirkung, zu der es nicht auch eine Ursache gegeben hätte. So muss also auch ein Gedanke ebenso wie ein Gefühl, eine Ursache haben, oder sie wären nicht da. Dieser Logik kann man sicher nicht widersprechen.

Gedanken werden in unserem Hirn, dem vielgelobten Denkapparat, auf der Basis unserer Erfahrungen produziert und sind deshalb bei einem gesunden Menschen auch relativ logisch strukturiert. „Immer schön vernünftig bleiben, immer erst gründlich nachdenken"! Sie kennen solche Sprüche.

Gefühle hingegen haben gleich zwei mögliche Quellen:

1. Sie kommen zum überwiegenden Teil aus unserer mentalen Ebene und haben mit Logik meist gar nichts zu tun. Oder können Sie zum Beispiel Liebe logisch erklären? Ich kann es nicht.

Sollten Sie tatsächlich eine logische Erklärung dafür finden, warum Sie etwas oder jemanden lieben, sollten Sie tatsächlich das Warum gefunden haben, dann lieben Sie dieses Warum. Mit Liebe hat das dann allerdings nur wenig zu tun, sie lieben das Warum, Sie lieben den Nutzen.

Wenn dieses Warum dann wegfällt, ist es auch mit der Liebe zu Ende, und das kann es ja dann wohl nicht gewesen sein. Liebe ist bedingungslos, Liebe braucht keine Erklärung, Liebe braucht kein Warum, Liebe braucht keinen Nutzen.

2. Die zweite mögliche Quelle eines Gefühls entspringt unserem unbegrenzten geistigen Sein. Jeder Mensch ist eine Manifestation der allumfassenden göttlichen Urquelle und bleibt immer mit dieser Urquelle verbunden. Wir fühlen auf dieser Ebene, ob etwas richtig oder falsch ist, wir haben das Gefühl, dass wir etwas Bestimmtes tun oder lassen müssen, aber wir können dieses Gefühl nicht erklären. Unser Verstand ist überfordert.

Deshalb sind solche Gefühle für unseren Verstand auch in der Regel nicht akzeptabel und werden verdrängt. *„Unfug, was soll der Quatsch, wir wissen doch, wir haben doch erfahren...!"*

Ja, richtig, wir wissen zwar, aber dieses Wissen bezieht sich leider immer nur auf die Erfahrungen der Vergangenheit. Wenn wir vorwiegend diesem Wissen folgen, bleiben wir in dieser Vergangenheit stecken und kommen keinen Schritt weiter. Wir sind in unserem eigenen Wissen gefangen.

Bei den Ursachensetzungen gibt es natürlich unendlich viele weitere Zwischenstationen und Mischformen, aber es genügt, wenn Sie die zwei grundsätzlichen Verkettungen kennen. Schließlich wollen Sie keine wissenschaftliche Arbeit lesen.

Bewusst vermeide ich bei meinen Erklärungsversuchen den Ausdruck „Seele". Dieser Begriff ist inzwischen so breit ausgewalzt, dass es ja sogar Hotels geben soll, in denen man die Seele baumeln lassen kann. Eine witzige Vorstellung, ein Hotel voller baumelnder Seelen... Hier wird offensichtlich etwas höchst Elementares verwechselt.

Es soll ja sogar seelische Krankheiten geben. Aber wie könnte das göttliche Element in uns krank sein? Dann müsste ja auch Gott krank sein können. Hat er uns vielleicht sogar angesteckt?

Unsere unbegrenzte geistige Ebene besitzt naturgemäß eine viel größere Weisheit als unser kleiner, begrenzter, menschlicher Verstand, der allein auf der Basis jener Erfahrungen arbeitet, die er seit unserer Kindheit gesammelt hat. Dazu gehört natürlich auch all das, was wir ihm selbst so mühsam eingepaukt haben oder was uns von anderen eingepaukt wurde.

Wir täten also gut daran, die Ebene der Gefühle zumindest nicht immer gleich abzuwürgen und ins Abseits zu stellen. Wir vergeben damit die Chance, den engen Käfig unseres Ego-Ichs etwas zu lockern. Aber dazu gehört etwas Mut, gehört die Bereitschaft, eingefahrene Wege zu verlassen und auch einmal das von unserem Verstand als unvernünftig Einsortierte gelten zu lassen.

> Es ist stinklangweilig, immer nur vernünftig sein zu müssen.

Für jedes menschliche Leben gibt es so etwas wie einen übergeordneten Masterplan.

Jedes menschliche Leben dient einer bestimmten Lernerfahrung oder einem übergreifenden Ausgleich.

Wir besuchen dabei eine bestimmte Schulklasse, in der uns der für uns nunmehr anstehende Lernstoff serviert wird.

Manchmal müssen wir auch bestimmte Schulklassen wiederholen, bekommen einen nicht gelösten Lernstoff erneut serviert.

Ich habe diese Thematik ausführlich in meinem Buch „Warum lebe ich?" behandelt. Das Buch, das Sie nunmehr in Händen halten, ist sozusagen eine Fortsetzung – oder sagen wir richtiger eine Beweisführung – dieser Grundthematik am Beispiel meines eigenen Lebensverlaufs.

Ich habe diese Erde einmal als die „Schöpfer-Schule Erde" bezeichnet, in der wir den Umgang mit unserem göttlichen Erbe, unserer unbegrenzten geistigen Schöpferkraft, erlernen sollen. Diese geistige Schöpferkraft unterscheidet uns von allen anderen Lebewesen dieser Erde. Zumindest in dieser Beziehung sind wir tatsächlich die Krone der Schöpfung. Schön, wenn es auch in anderen Bereichen so wäre, aber leider…

Unsere Schöpferkraft braucht die Freiheit jenseits unseres begrenzten Verstandes.

Jeder Mensch steht auf seinem eigenen Weg an einer anderen Stelle. Diese Stelle sagt nichts über seinen Wert aus, sie sagt lediglich etwas über seine Lebens-Lernaufgabe aus.

Ein Mensch, dem z.B. das Lebensthema „Demut" gestellt wurde, wird uns vielleicht als Bettler an einer Straßenecke begegnen. Das heißt aber nicht, dass er in der Hierarchie der unbegrenzten geistigen Ebene nicht höher stehen könnte als der Mensch, der in einem Rolls-Royce an ihm vorbeichauffiert wird. Irgendwie tröstlich – oder?

Irdische Güter und irdischer Status sind nur kurzfristiger Natur. Sie werden das im Verlauf des Buches auch an meinem eigenen Lebensbeispiel erkennen.

Achten wir also jeden Menschen zunächst einmal gleichermaßen. Bringen wir ihm die gleiche Aufmerksamkeit entgegen, denn jeder Mensch ist eine Manifestation der allumfassenden Urquelle, die wir gemeinhin als Gott bezeichnen, obwohl kein sterblicher Mensch jemals wissen wird, wer, wie oder was Gott tatsächlich ist.

Gott selbst bleibt unmanifestiert und hat weder Form noch Gestalt. Gott manifestiert und lebt sich selbst in seiner Schöpfung. Wir sind Teil dieser Schöpfung. Wir sind Teil des göttlichen Spiels der Schöpfung und damit göttlicher Natur.

Ich weiß, meine Aufforderung, jeden Menschen zunächst einmal gleichermaßen zu achten, ist nicht immer leicht umzusetzen, und auch mir gelingt das nicht immer. Manche Zeitgenossen machen es einem verdammt schwer, ihre göttliche Natur zu entdecken.

Aber vielleicht liegt dies an einer falschen Vorstellung unsererseits von dieser göttlichen Natur. Vielleicht hat man uns das Bild vom „lieben Gott" eingeprägt, und was nach dieser Vorstellung nicht lieb ist, kann folglich auch nicht göttlicher Natur sein. Wie einfach und zudem auch noch verblüffend logisch! Zumindest im Kindergarten.

Wenn Sie also mit diesem Thema Schwierigkeiten haben, sind Sie nicht ganz alleine. Niemand ist perfekt, auch ich arbeite immer noch daran, mehr kann ich nicht tun. Trotzdem gelingt es dadurch nicht immer, aber zumindest immer öfter. Das ist doch immerhin etwas.

Der wichtigste Lehrer auf dem Weg eines Menschen ist das Leben selbst.

Diesen wichtigsten Lehrer können wir nicht durch theoretisches Lernen ersetzen.

Das war auch bei mir nicht anders. Das einzige, womit ich Ihnen also helfen kann, ist, Sie teilnehmen zu lassen an meinen Wegen und Irrwegen, an bequemen Autobahnen, die sich plötzlich auftaten, wie auch an Sackgassen ohne Wendemöglichkeit, in denen ich mich plötzlich wiederfand und aus denen es dann letztlich doch immer wieder einen Ausweg gab.

Zweimal musste dazu mein Fahrzeug sogar total auseinandergenommen werden – ein Totalschaden sozusagen. Aber Totalschäden zwingen automatisch zu einem Fahrzeugwechsel. Das alte Gefährt läuft nicht mehr so weiter, wie es einmal lief.

Noch nie ist jemand unverschuldet in einer Sackgasse steckengeblieben. Wenn er sich ernsthaft bemüht, gibt es immer einen Ausweg.

Nichts steht auch nur eine Sekunde still. Nichts bleibt so, wie es ist. Alles geht vorüber.

Wenn wir versuchen stillzustehen, wird uns die Schöpfung rechts und links überholen.

Ich hoffe, es schärft den Blick für die Geschehnisse in Ihrem eigenen Leben, wenn ich Sie an meinen zahlreichen Erfahrungen teilnehmen lasse.

Mein Weg war, wie ich bereits deutlich gemacht habe, am wenigsten von meinem Verstand geplant. Aber der Mensch besteht ja nicht nur aus Verstand, wie wir festgestellt haben.

Es war das Gefühl jenseits meines Verstandes, die unbewusste Ahnung oder Vorahnung, wo ich am Ende einmal ankommen wollte. Aber Ahnung und Planung sind ja bekanntlich zwei grundverschiedene Dinge.

Es war etwas in mir, das ich selbst nicht erklären konnte und das mir in meinen jungen Jahren manchmal sogar lästig erschien.

Mein unbegrenztes geistiges Ich hatte offensichtlich das Wissen, nur konnte ich damals damit noch nicht so recht umgehen.

Mein unbegrenztes geistiges Ich hat den Kontakt zur Quelle nie verloren, es blieb immer Teil der Quelle, während mein begrenztes Ego-Ich zeitweise auf einem ganz anderen Trip war.

Das Gleiche gilt mit absoluter Sicherheit auch für Sie. Es ist mir wichtig, dass Sie dieses indirekte Wissen, das mit dem Verstand nicht erklärbar ist, nicht nur akzeptieren, sondern sogar über das Wissen Ihres begrenzten Verstandes stellen, außer, Sie haben eine mathematische oder technische Aufgabe zu lösen.

Ihr unbegrenztes geistiges Ich weiß, auch wenn Ihr begrenzter menschlicher Verstand es nicht für möglich hält.

Wenn ich heute in einem Zwiespalt zwischen meinem Gefühl und der sogenannten Vernunft stehe, messe ich meinem Gefühl immer die größere Bedeutung zu.

Auch wenn wir uns zeitweise noch so weit von der Quelle entfernt fühlen, wir sind und bleiben immer eine Manifestation dieser Urquelle. Wir können nicht kündigen, auch wenn unser begrenztes Ego-Ich alle Beweise dafür zu haben glaubt, dass wir gar nicht mit der Quelle verbunden sein können, oder dies oder jenes hätte doch so nicht geschehen können.

Dies ist die typische Zweipoligkeit des Menschen aus Geist und Materie, die ich schon in vielen meiner Bücher behandelt habe.

Meine wissende Seite, meine unbegrenzte geistige Ebene, störte mich oft in meiner Konzentration auf das, was ich gerade tat, auf das, womit ich gerade meinen Lebensunterhalt im Hier und Jetzt verdienen musste.

Es machte oft das Augenblickliche irgendwie zweitrangig, obwohl es doch keineswegs zweitrangig war, was mir spätestens an der Supermarktkasse und bei einem Blick auf meine Kontoauszüge deutlich vor Augen geführt wurde.

Aber es führte auch zu einer gewissen Lockerheit, mit der ich das Geschehen nehmen konnte. Ich wusste ja, wie gesagt, ohne mit dem Verstand zu wissen.

Wenn Sie z.B. als Tennisspieler auf den Platz gehen und wissen, dass Sie Ihren Gegner heute schlagen werden, dann ist dies kein Wissen Ihres Verstandes. Das Spiel hat ja noch gar nicht stattgefunden. Aber dieses Wissen auf der anderen Ebene kann Berge versetzen, wie man so schön sagt, und mit diesem Wissen werden Sie Ihren Gegner dann auch tatsächlich schlagen können.

Zeitweise war ich von meinem heutigen Wirken so weit entfernt, wie man nur von etwas entfernt sein kann. Aber das gehörte offensichtlich zum Weg. Ohne diese Erfahrungen wäre ich heute ein schlechter Lehrer und Berater.

Jede noch so unnötig scheinende Station meines Lebens hatte einen Sinn, jede Station hatte einen ganz bestimmten Lerninhalt.

In jeder Station war so etwas wie eine übergeordnete Führung zu erkennen, die manchmal auch zu schmerzhaften Wegkorrekturen greifen musste.

Falsche Wege wurden konsequent abgebrochen. „Autsch, das tat weh" – mein Ego hätte es lieber anders gehabt.

Auch für Ihr Leben gilt das Gleiche. Ich möchte versuchen, Ihr Bewusstsein dafür zu wecken und Ihren Blick für die Zusammenhänge zu schärfen.

Erkennbar ist der Sinn eines Geschehens natürlich am leichtesten in der Rückbetrachtung, leider nur sehr selten oder meist auch gar nicht zum Zeitpunkt des Geschehens selbst.

> Das Leben wird vorwärts gelebt,
> aber erst rückwärts verstanden.

Zum Zeitpunkt des Geschehens sind wir in unserem Ego-Käfig gefangen. Wir leiden oder wir freuen uns, allerdings ohne zu wissen, ob unser Leid auf Sicht wirklich Leid und unsere Freude auf Sicht wirklich Freude bleibt. Die Zeit relativiert alles.

Es sind die einzelnen Perlen einer Schnur, die sie erst am Ende zu einer Halskette werden lassen.

Jede Perle einzeln betrachtet lässt noch keinen Rückschluss auf ihre letztendliche Bedeutung innerhalb des Ganzen zu. Dies ist im Verlauf eines Lebens nicht viel anders.

Ich möchte nicht nur, dass Sie Vergleiche ziehen, sondern vor allem Vertrauen zu dem gewinnen, was gerade in Ihrem Leben geschieht. Es hat einen Sinn! Garantiert!

Dabei geschieht nichts gegen uns, auch wenn es im Moment des Geschehens noch so aussieht und sogar weh tut. Es dient ausschließlich unserer Weiterentwicklung.

Die Geschehnisse in meinem Leben, die für mich am schmerzhaftesten waren und die mein Ego so überhaupt nicht haben wollte, haben mich am weitesten gebracht.

Wie oft stehen wir vor einer Situation und fragen uns, was das denn nun wieder soll? Hatten wir doch eine ganz andere Vorstellung, hatten wir doch ein ganz anderes Ergebnis erwartet, und nun ausgerechnet das. Warum immer ich…, warum nun schon wieder…?

Pech, Schicksal, eigenes Unvermögen, Intrigen und Gemeinheiten anderer oder was auch immer wir dann als mögliche Erklärung heranziehen, taugen in der Regel nur wenig.

Es sind nur momentane Alibis, die sich meist von selbst enttarnen. Schnelle Erklärungsversuche halten einer späteren Rückschau kaum stand, aber unser Verstand hatte zumindest im Moment so etwas wie eine Erklärung. Immerhin beruhigend – schienen wir doch zu wissen! Ja, tatsächlich, wir schienen…, mehr nicht!

Natürlich habe ich in meiner Geschichte einige Personennamen, und so weit wie nötig, auch Ortsnamen ändern müssen. Es könnte sich jemand persönlich angegriffen oder gar bloßgestellt fühlen, könnte versuchen, mit Hilfe geschickter Anwälte etwas für sich herauszuschlagen.

Das würde mir den Spaß des Schreibens und Ihnen den Spaß des Lesens verderben, und verderben lasse ich mir in meinem Leben nichts mehr. Ich hoffe, dass Ihnen dies nach Lektüre des Buches ebenso gelingt. Ich bin mir sogar sicher, dass es Ihnen gelingen wird – zumindest manchmal, dann immer öfter und am Ende hoffentlich immer!

Das Leben, das wir im Augenblick auf dieser Erde führen, ist nur eine relativ kurze Zeitspanne, die wir zur Verfügung haben.

Wir können dieses Leben als täglichen Kampf führen oder als ein mehr oder weniger vergnügliches Spiel betrachten.

Im Kampf werden wir chancenlos verbluten, den Kampf können wir nicht gewinnen.

Im Spiel werden wir zwar auch verlieren,
aber auch ebenso gewinnen,
und jeder Gewinn, wie auch jeder Verlust,
macht einen besseren und weiseren Spieler aus uns.

Die Abrechnung erfolgt immer erst am Ende des Spiels. Am Ende wird Bilanz gezogen, wird festgestellt, wie ein Spieler sich entwickelt hat und ob er in die nächsthöhere Spielklasse versetzt werden kann oder wiederholen muss.

Wenn wir am Ende des Spiels danke sagen können, wenn es für uns ein interessantes Spiel war, wenn wir ein Stück weiterge-

kommen sind, wenn wir das Warum erkannt haben, dann haben wir so ziemlich alles richtig gemacht.

Das Spiel, in das wir involviert waren, können wir nicht mitnehmen. Nichts in diesem Spiel gehörte wirklich zu uns. Auch unser Geld war lediglich Spielgeld. Noch nie hat jemand etwas davon mitgenommen, und selbst, wenn man ihnen davon etwas ins Grab gelegt hatte, haben andere es nach einer Weile wieder ausgegraben.

Das Spiel selbst läuft nach unserem Ausscheiden unbeeindruckt weiter, und auch „unsere" Kinder werden „ihr Leben" und nicht unser Leben weiterführen und in „unserem Haus" wird ein anderer wohnen. Nichts war wirklich „unser".

An einem Haus in meinem Wohnort Aschau steht an einem Haus folgender Spruch:

> Dies Haus ist mein
> und doch nicht mein.
> Der vor mir war,
> s'war auch nicht sein.
> Er ging hinaus und ich hinein.

Das einzige, was wir wirklich mitnehmen, ist unsere Erfahrung, ist das Stück, das wir weitergekommen sind.

Sind wir nicht weitergekommen, dürfen wir das Spiel wiederholen. Aber das Ganze noch mal? Dann doch lieber jetzt das erledigen, was wir zu erledigen haben. Also, auf geht´s!

(Sie können so bleiben, wie Sie sind, eine besondere Spielkleidung brauchen Sie nicht, und eine Spiellizenz besitzen Sie ohnehin.)

2

Die Startposition eines Menschen

Die Schöpfung Erde ist nach dem Prinzip der Polarität angelegt. Alles hat zwei Pole, jeder Begriff existiert nur durch den entsprechenden Gegenbegriff: hell-dunkel, laut-leise, warm-kalt, schnell-langsam, arm-reich, positiv-negativ, Liebe-Hass usw.

Die jeweiligen Pole sind aber immer nur die extremen Enden ein- und derselben Sache und somit im Prinzip vereinbar. Zwischen warm und kalt gibt es so etwas wie lauwarm, zwischen hell und dunkel gibt es unendlich viele Zwischenstufen, die wir als angenehm oder unangenehm empfinden. Auch die Polarität von Liebe und Hass kennt unendlich viele Abstufungen.

Auch das menschliche Leben unterliegt dem Prinzip der Polarität. Wir werden auf der Seite einer bestimmten Polarität geboren. Werden wir z.B. zu Misstrauen, Angst und Zweifeln erzogen, erleben wir eine tägliche Enge mit Absicherungen und Abschottungen aller Art, dann besteht unsere Lebens-Lernaufgabe mit Sicherheit darin, uns in die Richtung des Gegenpols zu entwickeln. Zum Beispiel in der Entwicklung eines gesunden Urvertrauens, in dem wir uns dann endlich öffnen können. Keine leichte Aufgabe, wie Sie mir sicher glauben werden.

Wachsen wir in unserer frühkindlichen Startposition in Hass, Streit und Lieblosigkeit auf, gehören wir zu den Außenseitern, so haben wir auch hier eine Menge Lernaufgaben in die gegensätzliche Richtung zu bewältigen.

Eine wunderbare Chance der Weiterentwicklung, wenn wir unsere Startposition nicht als billiges Alibi vor uns herschieben. Wir konnten ja nie... wir hatten ja nie eine echte Chance...

Wachsen wir wohlbehütet in umsorgender Liebe, Schutz und Güte auf, wird alles für uns bereitet und werden Not und Sorgen von uns ferngehalten, werden wir wahrscheinlich auch in diesem Fall recht schmerzhafte Erfahrungen mit der gegenpoligen Seite machen müssen. Vielleicht besteht dann auch unsere Aufgabe unter anderem im Weitergeben und Teilhabenlassen.

Die Polarität wird uns umso mehr schütteln, je mehr wir uns dem anstehenden Lernschritt verweigern.

Was ich hier sage, ist natürlich rein schwarz-weiß dargestellt und nur sehr selten so klar ablesbar. Es gibt unendlich viele Variationen und Kombinationen, aber ich wollte mit meinen Beispielen vor allem das Prinzip der Polarität erklären, das immer und überall wirksam ist, denn es wird auch in Ihrem Leben eine Rolle spielen.

Angekommen sind wir, wenn wir nicht mehr zwischen den Polen hin- und hergerissen werden, in der Mitte einen ruhigen Platz gefunden haben und von dort aus dem Zerren der Pole amüsiert zuschauen.

Beginnen wir nun mit unseren analytischen Betrachtungen.

Was ist zum Beispiel Ihre persönliche früheste Erinnerung?

Bitte denken Sie einen Moment nach. Ihre erste Erinnerung muss nichts Großartiges sein. Es können ganz banale Geschehnisse sein, die Ihnen im Gedächtnis geblieben sind, und es ist hoch interessant, was sich bei manchen Menschen als erste Aufzeichnung festgesetzt hat.

Mit heutigen Maßstäben betrachtet, sehen wir meist wenig Sinn im Erinnerten, aber zum Zeitpunkt des Geschehens war unser Maßstab ja ganz anders, war das heute als unwichtig Erscheinende offensichtlich wichtig, oder es hätte sich nicht im Gedächtnis festsetzen können. Das gilt übrigens für jede Rückbetrachtung.

Meine eigene früheste Erinnerung besteht zum Beispiel in der bewussten Wahrnehmung, dass ich kalte Finger bekam. Ein ganz neues Gefühl, dass ich wohl bis dahin nicht kannte. Wie alt ich dabei war, weiß ich heute nicht mehr, aber ich kann noch genau den Ort erinnern, an dem mir meine kalten Finger zum ersten Mal bewusst wurden. Es war ein kleiner Fußweg, der zwischen Schrebergärten hindurchführte.

Geboren wurde ich in Neuss am Rhein, und zwar mitten in die Zeit des zweiten Weltkriegs hinein, und bezüglich dieser Ereignisse sind einige meiner frühen Erlebnisse immer noch sehr präsent. Es blieb leider nicht bei relativ harmlosen kalten Fingern.

Wenn die Luftschutzsirenen ertönten, musste ich mit meiner Mutter in einen nahegelegenen Luftschutzbunker rennen (mein Vater war zur Wehrmacht eingezogen worden). Natürlich spielte sich dieses nächtliche Rennen im Stockfinsteren ab. Alle Beleuchtungen waren abgestellt, um angreifenden feindlichen Bombern kein Ziel zu geben.

Auch alle Wohnungen mussten abgedunkelt sein, kein Licht durfte nach außen dringen. Die Älteren unter Ihnen werden sich daran noch erinnern. Es herrschte Verdunkelungspflicht! Ein seltsames Wort, das sich recht vielseitig interpretieren lässt.

Bei einer solch nächtlichen Hatz durch die Dunkelheit verlor ich einen Schuh, und ich musste mit meiner Mutter ein kleines Stück zurücklaufen, um diesen Schuh zu finden. Schuhe waren in jener Kriegszeit ein hohes Gut.

Dadurch kamen wir dann allerdings zu spät zum Bunker, der aus Sicherheitsgründen inzwischen verschlossen war. Wir standen draußen vor den schweren Eisentüren und um uns herum tobte der Bombenhagel.

Dies war mein erstes, tiefgreifendes Angsterlebnis. Es war das Erleben des Ausgeliefertseins, es war die lähmende Situation, nichts weiter tun zu können, als abzuwarten, ob man nun getroffen wird oder nicht, ob man nun überlebte oder eben nicht.

Es war die pure Todesangst, in der ich mich an meine Mutter und an die Mauern des Bunkers presste.

Wir haben überlebt, wie Sie unschwer erraten können.

Als das nächtliche Sirenengeheul immer häufiger wurde und manchmal auch mehrmals in der Nacht ertönte, wurde meine Mutter es irgendwann einmal leid, jedes Mal mit einem halbschlafenden Kind zum Bunker zu rennen, und wir gingen einfach nur in den Luftschutzkeller unseres Mehrfamilienhauses in der Allemannenstraße 3.

Jedes Wohnhaus musste damals über ein solches Kellerabteil verfügen, das besonders abgesichert war. Natürlich bei weitem nicht vergleichbar mit einem öffentlichen Bunker.

Dies ging auch einige Male gut, bis es dann eines Nachts nicht mehr gutging. Das neben uns liegende Haus wurde von einer Bombe getroffen und dem Erdboden gleichgemacht. Auch unser Haus wurde dabei zur Hälfte zerstört und wir wurden in besagtem Luftschutzkeller verschüttet.

Dies alles erinnere ich selbst nicht mehr. Ich habe diesbezüglich einen totalen Gedächtnisausfall und weiß es nur aus den Berichten meiner Mutter. Nach ein paar Stunden wurden wir wohl wieder ausgegraben und in den nächsten Tagen nach Lengfurt am Main, einem kleinen Dorf in der Nähe von Marktheidenfeld, evakuiert.

Bei mir stellte man sehr schnell fest, dass ich nicht mehr sprechen konnte. Ich hatte die Sprache total verloren, ich war im wahrsten Sinne des Wortes „sprachlos" geworden.

Es hat dann ungefähr zehn Jahre gedauert, bis ich über ein nahezu unverständliches Stottern wieder das Sprechen erlernte – zumindest einigermaßen. Keine schöne Zeit, wie Sie sich sicher vorstellen können.

Das Stottern hat mich relativ lange begleitet und war Anlass für ständigen Hohn und Spott anderer Kinder und später auch meiner Mitschüler. Ich war dadurch ein absoluter Außenseiter. „Stottermanes" nannte man mich. Kinder können beim Ausnutzen der Schwächen anderer Kinder recht grausam sein.

In dem Dorf, in das wir evakuiert wurden, waren wir ohnehin Außenseiter. Wir waren ja dort zwangsweise einquartiert worden. Niemand hatte uns gewollt oder gar eingeladen, man hatte Platz für uns schaffen müssen, und wir waren entsprechend unbeliebt. Wir waren Flüchtlinge im eigenen Land. Meine Mutter und andere Mütter in gleicher Situation bezeichneten die Einheimischen als „Bombenweiber."

Mit meinem sechsten Lebensjahr wurde ich dann in diesem Dorf eingeschult. Es war eine kleine Dorfschule, die von katholischen Ordensschwestern geleitet wurde, deren pädagogische Fähigkeiten sich mehrheitlich auf den perfekten Gebrauch eines Rohrstocks stützten. Hier wurde versucht, mir die Liebe Gottes mit dem Rohrstock „einzubläuen", und nicht ganz zufällig wähle ich diesen Ausdruck.

Ihre Perfektion bestand darin, dass sie den Rohrstock bevorzugt auf die Fingerspitzen der auszustreckenden Hand niedersausen ließen und somit keine langanhaltenden Spuren hinterließen. Das Blau der Fingerspitzen verschwand wieder relativ schnell.

Von zwei weiteren elementaren Erinnerungen möchte ich noch berichten:

Ich sehe noch heute das Bild vor mir, wie eine geschlagene deutsche Armee auf ihrem Rückzug vor den herannahenden Amerikanern das Dorf durchquerte. Es war ein Anblick des Elends: gebeugte und abgemergelte Gestalten mit müdem, leeren Blick, ein paar Pferdewagen und Kanonen mit sich führend. Ein paar Bauersfrauen versorgten sie mit Broten und Getränken.

Nach diesem traurigen Durchzug herrschte zunächst einmal absolute Totenstille – das Dorf war in der Tat wie ausgestorben. Wie würde es sein, wenn dann unsere Feinde, die Amerikaner, kamen? Es war ein Gefühl zwischen Angst, Hoffnung und Ratlosigkeit, in der sich jeder irgendwo verkroch.

Am Kirchturm wurde vorsichtshalber eine weiße Flagge gehisst (vermutlich ein Bettlaken), um zu zeigen, dass das Dorf keinen Widerstand leisten wollte. Wie man mir später erzählte, wurde dabei ein fanatischer Nazi, der genau dies unbedingt verhindern und statt dessen am Dorfeingang eine Panzersperre errichten wollte, erschossen.

Es dauerte dann zwei bis drei Stunden, ehe man das erste Rasseln von Panzerketten hörte, und dann waren sie ganz plötzlich da, die Amerikaner.

Die bis dahin herrschende Totenstille verwandelte sich sehr schnell ins Gegenteil. Die Leute rannten auf die Straße, standen Spalier und nahmen dankbar die ins Volk geworfenen Kaugummis und andere Wohltaten entgegen.

Aus dem Führerhaus eines langsam fahrenden LKW wurde Schokolade verteilt. Ich nahm all meinen Mut zusammen, sprang auf das Trittbrett dieses LKW und bekam tatsächlich Schokolade.

Als der LKW dann etwas schneller fuhr, bekam ich nicht nur Schokolade, sondern auch Angst und sprang wieder vom Trittbrett herunter. Leider genau in eine breite Toreinfahrt der engen Dorfstraße hinein, wo ich dann mit dem Kopf gegen die innere Tormauer prallte.

Ich war bewusstlos, und eine schwere Gehirnerschütterung wurde diagnostiziert. Immerhin schon ein sehr früher Beweis dafür, dass ich über so etwas wie ein Gehirn verfügte, denn was hätte sonst erschüttert werden können. Sehen wir es einmal positiv.

Dann erinnere ich mich noch, dass ich mit meiner Mutter zu Fuß auf dem Weg in das nahegelegene Marktheidenfeld war, als uns ein amerikanischer Militärlastwagen überholte und dann kurz vor uns stehen blieb. Wir wunderten uns: Warum hielt der an? Die hintere Plane wurde hochgerissen und wir blickten in ca. zwanzig pechschwarze Gesichter, aus denen uns helle Augen anblitzten.

Es waren die ersten schwarzen Menschen, die ich in meinem jungen Leben aus einer solchen Nähe zu Gesicht bekam, und der Schock saß tief. Einer der Schwarzen hatte ein Gewehr auf uns gerichtet und brüllte unentwegt: „Weiße Flagg, weiße Flagg". Wir sollten wohl zu erkennen geben, dass wir uns ergeben und keinen Widerstand leisten wollten, aber wo eine weiße Flagge herholen?

Meine Mutter schob vorsichtig ihr Kleid nach oben und zeigte ihren weißen Unterrock, worauf die geballte schwarze Wagenladung in fürchterliches Lachen ausbrach und fröhlich winkend weiterfuhr.

Für diese schwarzen amerikanischen Soldaten war es ein Scherz, für mich aber war es wieder einmal Todesangst, denn es war keineswegs lustig, dass ein brüllender, bis dahin nie gesehener schwarzer Mensch sein Gewehr auf uns richtete. Sonst gibt es aus dieser frühen Phase meines Lebens nicht viel zu berichten, aber mir hat es auch genügt.

Nach Kriegsende zogen wir dann wieder nach Neuss zurück. Wir wohnten in zwei Zimmern im provisorisch hergerichteten Dachgeschoss eines nur teilweise zerbombten Hauses, in dem noch zwei andere Familien Unterschlupf gefunden hatten.

Es gab nur eine Toilette für alle, und zwar auf dem Treppenabsatz zwischen erster und zweiter Etage. Ich erinnere dies noch sehr genau, da ich dorthin morgens den nächtens benutzten Eimer hinuntertragen und entleeren musste.

Bei dieser Tätigkeit war ich selten alleine, denn dieses Procedere galt für alle Bewohner, und man hätte sehr leicht einen Wettbewerb darüber starten können, in welchem Eimer nun die attraktivsten Würste schwammen, aber offensichtlich fand niemand etwas dabei. In der unmittelbaren Zeit nach dem Krieg waren die Menschen nicht allzu zimperlich, sie hatten allesamt Schlimmeres gesehen.

Die uns umgebenden ausgebombten Häuserruinen waren für uns Kinder natürlich der perfekte Abenteuerspielplatz, aber ich durfte nicht so so oft spielen, um meine Kleidung nicht zu verschmutzen oder gar zu zerreißen. Kleidung war Mangelware, und meine Mutter war nicht nur in dieser Hinsicht mehr als streng.

Wenn mir doch einmal etwas passierte, etwas zerrissen oder verdreckt war, flüchtete ich zu meiner Tante Anna, einer Schwester meiner Mutter, die zwei Straßen weiter wohnte und die dann versuchte, den Schaden wieder einigermaßen zu beheben.

Tante Anna war meine Rettung, Tante Anna war mein Schutzengel, durch sie entkam ich so mancher Prügelstrafe. Möge es mehr Tante Annas auf dieser Welt geben.

Wenn andere Jungen auf der Straße Fußball spielten, durfte ich aus dem Fenster des dritten Stocks meist nur zusehen, denn ich hatte nur ein Paar Schuhe, und die mussten geschont werden. Ohnehin hätte niemand mit mir, dem Stottermanes, spielen wollen.

Wenn ich ausnahmsweise einmal die mütterliche Erlaubnis bekam, war es auch nicht unbedingt ein Vergnügen für mich. Es war üblich, dass die beiden vermeintlich besten Fußballspieler sich jeweils eine Mannschaft aus den Kindern zusammenstellten, die mitspielen wollten. Ich war regelmäßig der Letzte, der bei dieser Auswahl übrig blieb, freiwillig wollte mich niemand in seiner Mannschaft haben.

Was ich aus dieser Zeit auch noch erinnere, ist Hunger. Es gab nur wenig zu essen, und manchen Abend konnte ich vor Hunger nicht einschlafen. Alles war durch sogenannte Lebensmittelkarten rationiert, die es am Anfang eines jeden Monats gab und die dann bis zum Ende des Monats reichen mussten.

Gab man davon zu früh zu viel aus, hatte man zum Ende hin nichts mehr. Es galt also, vorsichtig hauszuhalten oder sich auf dem reichlich blühenden Schwarzmarkt zu bedienen, wozu uns aber das Geld oder andere Tauschmittel fehlten.

Eines Tages wurde ich zum Briefkasten geschickt, um einen Brief einzuwerfen. Auf dem Rückweg sollte ich aus einem kleinen Lebensmittelladen noch etwas mitbringen und bekam dazu natürlich die Lebensmittelkarte, ohne die ich ja nichts bekommen hätte. Ich muss da so um die zehn Jahre alt gewesen sein.

Nun bestand mein kindliches Missgeschick darin, die Lebensmittelkarte in den Briefkasten zu werfen und dafür den Brief in der Hand zu behalten.

Wenn ich vorher schon in einigen Situationen Todesangst erlebt hatte, so war es diesmal eine ganz andere Angst. In meinen Augen hatte ich das Überleben der ganzen Familie aufs Spiel gesetzt. Was würde passieren, wenn ich nach Hause kam?

Ich weiß heute nicht mehr genau, was passierte, ich weiß nur noch, dass ich vor diesem Briefkasten bis zur nächsten angegebenen Leerungszeit Wache schieben musste, und diese Leerungszeit war erst am nächsten Tag.

Es war eine lange Nacht, die ich vor dem Briefkasten verbringen musste, und die Ängste, die ich dabei ausstand, waren nicht minder gravierend als die vorangegangenen Angsterlebnisse.

Nüchtern betrachtet machte es keinen Sinn, dort einen Nacht Wache zu schieben, denn es hätte wohl keinen Postbeamten gegeben, der in einem ganz normalen Wohnviertel nachts den Briefkasten geleert hätte. Es war eher eine Strafaktion wegen meiner Unachtsamkeit. Heute würden Eltern wohl dafür bestraft werden, einen etwa zehnjährigen Jungen eine Nacht vor einem Briefkasten stehen zu lassen.

Ungefähr eine Stunde vor der für den nächsten Tag angegebenen Leerungszeit erschien dann zur Sicherheit auch noch meine Mutter. Wir mussten etwas länger als angegeben warten, bis dann das Postfahrrad endlich zur Leerung vorfuhr.

Dem Fahrer wurde von meiner Mutter alles ausführlich erklärt, und er fand sich danach ausnahmsweise bereit, uns das Postgut durchsuchen zu lassen, was er ja eigentlich nicht dürfe, wie er immer wieder versicherte.

Die Karte wurde natürlich gefunden, und damit möchte ich die Zeit in der Kolpingstraße 67, so lautete unsere damalige Anschrift, abschließen.

Eine erste Analyse der Startposition:

Todesangst vor dem verschlossenen Bunker.
*Verschüttet im Luftschutzkeller mit **Verlust der Sprache.***
***Todesangst** durch schwarzen Soldaten mit Gewehr im Anschlag.*
*Stotternder und **verspotteter Außenseiter.***
***Der Letzte sein**, den man gebrauchen kann. (z.B. Fußball)*
***Hunger** als elementare Lebenserfahrung.*
Die Nacht vor dem Briefkasten.

Die erste kleine Wende

Mein Vater hatte in einer sogenannten Selbsthilfe-Genossenschaft ein kleines Häuschen erbaut. Diese Genossenschaft bestand aus einundzwanzig Männern verschiedener Berufe, die in gegenseitiger Selbsthilfe in ihrer Freizeit einundzwanzig Häuschen bauten.

Jeder hatte ein Arbeitsstundenkonto, und die Summe der geleisteten Stunden entschied dann über die Reihenfolge des Einzugs in eines der Häuser. Wir bekamen die Nummer fünf. Mein Vater war also ein fleißiger Mann. In dieser Hinsicht kann ich ihm nichts vorwerfen.

Es war tatsächlich die absolute Selbsthilfe, bei der sogar die Steine, mit denen die Häuser gebaut wurden, aus dem Schutt der reichlich vorhandenen Kriegsruinen in Handarbeit hergestellt wurden – sogenannte Hohlblocksteine.

Zerkleinerter Stein-Schutt wurde mit Zement vermischt und von Hand in eine Holzform gestampft. Danach wurde die Holzform vorsichtig entfernt und der neu entstandene Baustein zum Trocknen ausgelegt.

Durch sein großes Engagement in dieser Form des Hausbaus sah ich meinen Vater natürlich nur sehr selten, und da das Ganze, neben der Selbsthilfe und staatlichen Zuschüssen, auch noch etwas eigenes Geld kostete, wurde bei uns jeder Groschen zweimal umgedreht.

Man kann durchaus sagen, dass ich in absoluter Armut aufgewachsen bin, und dies bezieht sich leider nicht nur auf die materielle, sondern auch auf die emotionale und geistige Ebene.

Meine Eltern waren beide ungelernte Fabrikarbeiter. Meine Mutter war eine sehr gefühlskalte, emotionslose und leider muss ich sagen auch böse Frau. Sie sagte mir wörtlich „Liebe gibt es nicht, so was ist Quatsch", und so hat sie auch gelebt und mich erzogen.

Das habe ich zwar schon in anderen Büchern erwähnt, muss es aber zum besseren Verständnis hier noch einmal tun. Sie sollten ja nicht alle Bücher von mir lesen müssen, um eines zu verstehen.

Meine Mutter war die Herrscherin in der Familie und hatte meinen Vater, der eigentlich ein ruhiger und friedlicher Mensch war, vollkommen in der Hand. Er war ihren Intrigen völlig ausgeliefert und wurde manchmal so gegen mich aufgebracht, dass er einmal mit einem Ziegelstein hinter mir herlief, um mich zu erschlagen. Meine Mutter, die das Ganze ausgelöst hatte, warf sich dann heldenhaft dazwischen. Eine Schmierenkomödie ganz besonderer Art.

Durch den Umzug in dieses neue Häuschen, das genau am anderen Ende der Stadt in Richtung Grimmlinghausen lag, kam ich dann natürlich auch in eine andere Schule, und genau dies war ein absoluter Glücksfall für mich, obwohl ich dadurch täglich einen ca. fünf km langen Schulweg zu bewältigen hatte, was hin und zurück 10 km pro Schultag bedeutete.

So etwas wie einen Schulbus gab es zur damaligen Zeit nicht. Irgendwann hatte ich mir dann ein altes Damenfahrrad aus einer Schutthalde wieder zusammengebastelt. Meist funktionierte es zwar nicht, aber immerhin konnte ich darauf meine Schultasche schieben, statt sie schleppen zu müssen.

Der Rektor dieser Schule war Karl Kreiner (Originalname), der auch gleichzeitig unser Klassenlehrer war. Er war das genaue Gegenteil dessen, was ich bislang in meinem jungen Leben kennengelernt hatte. Er war ein absoluter Humanist und in seinem Hobby ein Heimatdichter in feinstem rheinischem Platt.

Hatte ich bislang nur Zucht, Ordnung und den Rohrstock kennengelernt, so eröffnete sich hier für mich eine ganz neue Welt. Ich fühlte mich zum ersten Mal angenommen und auch ernst genommen.

Bei Karl Kreiner hatte ich zum ersten Mal das Gefühl, als Mensch behandelt zu werden. Für diesen Mann wäre ich durchs Feuer gegangen, diesen Mann habe ich verehrt und tue es auch heute noch. Danke für alles!

Bei ihm gab es keinerlei Zwang. Er zwang uns nicht zum Lernen für die Schule, er besaß die große Geduld und Gabe, uns zu der Erkenntnis zu bringen, dass wir allein für uns selbst und unser Leben lernten.

So gab es zum Beispiel keine Plicht-Hausaufgaben bei ihm, Hausaufgaben waren freiwillig. Man konnte welche abgeben oder auch nicht. Die abgegebenen Hausaufgaben wurden dann natürlich auch in ihrer Zahl bewertet und in einem Punktesystem festgehalten.

Ich hatte noch nie so viele und auch noch nie so gerne gemachte Hausaufgaben abgeliefert wie bei diesem Lehrer. Er hatte es wirklich geschafft, mir beizubringen, dass ich das alles nur für mich und nicht für ihn oder sonst jemanden machte. Hier habe ich erstmals die Freude am Lernen entdeckt.

Neben diesem wunderbaren Menschen hatten wir einen etwas kauzigen Musik- und Biologielehrer, der uns in seinem Musikunterricht auf seiner Geige eine Melodie vorspielte, den dazugehörigen Text an die Schultafel schrieb und uns dann diesen Text zur vorgespielten Melodie absingen ließ.

Was dabei herauskam, hatte in der Regel mit Gesang nur sehr wenig zu tun. Während er wieder einmal fleißig einen Liedtext an die Tafel schrieb, schrieb ich meinerseits auf einem Zettel ein kleines Gedicht über ihn, das ich heute noch im Kopf habe:

„Unser Trost, der Teufelsgeiger, spielt die Symphonien – leider!
Er spielt sie rauf und runter, die Klasse ist sehr munter.
Seht, wie er seine Geige stimmt,
ein Tränlein ihm im Auge schwimmt.
Die ganzen Drähte sind schon nass, heirassa, das macht viel Spaß.

Er muss mein Schreiben wohl irgendwie bemerkt haben, stand plötzlich hinter mir, entriss mir den Zettel, las mein Gedicht und rannte damit wutentbrannt zum Rektor, eben jenem Karl Kreiner, der, wie schon erwähnt, ja auch unser Klassenlehrer war.

Nach kurzer Zeit kam der Teufelsgeiger in den Klassenraum zurück und befahl mir, mich umgehend in das Amtszimmer des Rektors zu begeben. Dieser schaute mich dann auch mit ungewohnt strenger und ernster Amtsmine an und teilte mir mit, dass er mir hiermit einen strengen Verweis erteilen müsse, denn ich hätte mich über eine Lehrperson lustig gemacht.

Danach nahm er den Zettel mit meinem Gedicht, las es noch einmal durch und sagte schelmisch lächelnd: Dat es ävver nit schläch! Verstehen Sie nun, was ich meine?

In seinem Biologie-Unterricht war unser Teufelsgeiger ganz in seinem Element. Meist behandelten wir irgendein Tier, den Frosch z.B., und am Ende seiner Stunde stellte er regelmäßig die Frage, ob denn noch jemand eine Frage hätte.

Selten hatte jemand eine Frage, außer mir natürlich. Meine Frage war immer die gleiche, was er aber offensichtlich nicht bemerkte. „Was sind die Krankheiten des Frosches, Herr Lehrer?

Sehr interessant, sehr interessant, Schüler ist interessiert und im Unterricht mitgegangen, das gibt einen positiven Eintrag!

Eine Antwort bekam ich auf meine Fragen nur selten, aber darum ging es mir ja auch gar nicht. Der positive Eintrag war mir wichtiger.

Die zweite kleine Zwischenbilanz:

Leben in materieller und emotionaler Armut.
Gefühlskalte Mutter ohne Liebe und Zuneigung.
Unerreichbarer Vater.
Der Humanist Karl Kreiner.
Lernen für mich selbst.

Die nächste Richtungsänderung

Als die Schulzeit endete, wurde mir die Gnade meiner Eltern zuteil, einen Beruf erlernen zu dürfen. Sie selbst waren ja nur ungelernte Fabrikarbeiter, und ich sollte es einmal besser haben, wie sie immer wieder betonten.

Ich sollte einmal keinen blauen Arbeitsanzug anziehen müssen. Sie würden nun drei Jahre lang auf ein Einkommen meinerseits verzichten, um mir eine Lehre zu ermöglichen, was sie mir mehr als deutlich vorhielten. Ich glaube heute, dass das Angebot, eine Lehre machen zu dürfen, weniger etwas mit mir zu tun hatte als mit ihrem Ansehen bei den Nachbarn: unser Sohn…

Über das Arbeitsamt wurde mir eine Lehrstelle als Graveur in einer Besteckfabrik vermittelt, wozu ich aber keinerlei Neigung verspürte. Ich hatte eine ganz andere Vorstellung von meinem Leben.

Woher diese Vorstellung kam, kann ich mit meinem Verstand nicht erklären, aber das habe ich ja im Eingangkapitel schon ausführlich erwähnt.

Ich wollte etwas mit Drucken und mit Büchern zu tun haben, das fand ich faszinierend. Eine Lehre zum Buchhändler hätte ich zum Beispiel sofort angenommen, aber dazu gab es keinerlei Chance, und als Volksschüler schon gar nicht. Ich fand dann durch eigenes Bemühen eine Lehrstelle als Schriftsetzer in einer kleinen Buchdruckerei in Neuss.

Das ging schon eher in meine Richtung, obwohl ich natürlich nicht wusste, was mich dort tatsächlich erwartete. Mit Büchern hatte das nur sehr wenig zu tun, obwohl sich der Laden ja als „Buchdruckerei" bezeichnete. Wie ich später erkannte, bezog sich diese Bezeichnung mehr auf das Druckverfahren, dem Hochdruck oder

Buchdruck im Gegensatz zum Tief- oder Flachdruck, als dass es etwas mit Büchern zu tun hatte.

Ich konnte auch nicht ahnen, dass ich in dieser Lehre mehr Zeit mit der Auslieferung von Drucksachen, dem Einkauf des Frühstücks für die Gesellen und dem Ausfegen und Aufräumen der Druckerei verbrachte, als dass ich tatsächlich am Setzkasten stand. Lehrlinge wurden in dieser Zeit schamlos ausgenutzt, denn man musste froh sein, überhaupt eine Lehrstelle zu haben. „Lehrjahre sind halt keine Herrenjahre", sagte man damals.

Dazu hatte ich einen Lehrmeister, zu dessem Lieblingsfeind ich mich mit der Zeit entwickelte, was aber auf Gegenseitigkeit beruhte. Er gab mir die unangenehmsten und langweiligsten Setzaufgaben, und ich provozierte ihn, wo ich nur konnte.

Das Absetzen von Geschäftsbedingungen im kleinstmöglichen Schriftgrad – sechs Punkt –, wie sie meist die Rückseiten von Rechnungen zierten, landete nach einer Weile regelmäßig bei mir. Jeder einzelne Bleibuchstabe musste aus dem Setzkasten genommen, in einem Winkelhaken zu einzelnen Wörtern und Zeilen aneinandergereiht und dann auf ein sogenanntes Schiffchen platziert werden. Eine sehr filigrane und zerbrechliche Angelegenheit, und ich rächte mich mit der Zeit dadurch, dass mir am Ende das ganze Gebilde wieder zusammenfiel. Ein Schuft, der dabei etwas Böses denkt. Ich war halt noch ein Lehrling und niemand konnte mir etwas vorwerfen.

Stundenlange Arbeit war dahin, es lag nur noch ein großer Haufen kleiner Bleibuchstaben da, die zunächst wieder in die entsprechenden Fächer des Setzkastens zurücksortiert werden mussten, um sie dann erneut verwenden zu können. Nachdem das mehrmals passierte, war ich diese ungeliebte Arbeit endlich los. Ich hatte halt kein Talent zu so etwas, war einfach zu ungeschickt oder am Ende vielleicht doch geschickt?

Nach Beendigung der Lehrzeit war ich dann ein echter Jünger Gutenbergs, der nach allen Regeln der Zunft „gegautscht" wurde, so nannte man die Wassertaufe eines neuen Gesellen, der dabei in eine Wanne mit Wasser geworfen wurde und dazu noch einen Eimer Wasser obendrauf bekam. Der Zunftmeister sprach dabei die traditionellen Worte, die ich noch halbwegs erinnere:

> *Frischauf Gesellen, seit zur Hand,*
> *lasst seinen Korpus Delikti fallen auf diesen nassen Schwamm,*
> *bis triefen beide Ballen.*
> *Der durst'gen Seele gebt ein Sturzbad obenauf,*
> *das sei dem Sohne Gutenbergs die allerbeste Tauf!*

Das mit der „durst'gen Seele" hat sich bis heute irgendwie bewahrheitet, den Beruf des Schriftsetzers dagegen gibt es inzwischen nicht mehr. Aber ich hatte damals mit diesem Beruf immerhin eine Basis, auf der ich mein eigenes Leben aufbauen konnte.

Ich arbeitete kurzzeitig in mehreren Druckereien in Düsseldorf und wechselte dann in eine Großdruckerei nach Köln, weil sich mir in Köln die Chance eines Abendstudiums bot.

Nach wie vor wohnte ich allerdings im Haus meiner Eltern in Neuss, wo ich auch brav meinen Lohn abliefern musste. Schließlich hatten sie lange genug auf meinen Beitrag gewartet. Mir blieb nur ein knappes Taschengeld.

Ich bin dann über drei Jahre lang jeden Werktag mit Straßenbahn und Zug von Neuß nach Köln gefahren. Das bedeutete: Aufstehen um spätestens sechs Uhr, dann ca. zehn Minuten Fußweg zur Straßenbahn, fünfundzwanzig Minuten Straßenbahnfahrt zum Bahnhof Neuß und von dort ca. fünfzig Minuten mit dem Bummelzug zum Kölner Hauptbahnhof. Norf, Nievenheim, Bayerwerk Dormagen, Worringen, Fühlingen waren Stationen, die ich heute noch erinnere, wobei die Reihenfolge vielleicht nicht mehr so ganz stimmt und ich die ein- oder andere Station vielleicht auch vergessen habe. Das Ganze ging damals noch mit der Dampflock.

Dann acht Stunden Arbeit am Setzkasten in der Druckerei. Ab achtzehn Uhr Beginn des Abendstudiums, das bis einundzwanzig Uhr dauerte. Danach wieder vom Bahnhof Köln, zurück nach Neuß und mit der Straßenbahn wieder nach Hause, wo ich dann so gegen elf Uhr eintraf, bis am nächsten Morgen um sechs Uhr das Ganze von vorne losging.

Am Wochenende musste ich natürlich lernen, denn wann sonst hätte ich die Aufgaben aus dem Abendstudium und auch die nach zwei Jahren anstehende Abschlussarbeit erledigen sollen?

Dieser Stress blieb auch für meinen noch jungen Körper nicht ganz ohne Folgen. Eines Morgens erlitt ich kurz vor dem Kölner Hauptbahnhof im Zug einen Zusammenbruch. Ich wurde zunächst in die Bahnhofsmission gebracht und von dort mit einem Krankenwagen in ein Krankenhaus, wo man mich einige Stunden zur Beobachtung behielt, was mich aber nicht davon abhielt, um achtzehn Uhr wieder im Unterricht zu sein. Für die Druckerei bekam ich ein Krankheitsattest, das war also kein Problem.

Als ich die Lehre beendete, war ich am Ende des achtzehnten Lebensjahres. Volljährig war man damals aber erst mit einundzwanzig Jahren. Diesem einundzwanzigsten Geburtstag sah ich mit großer Hoffnung entgegen.

Dieser einundzwanzigste Geburtstag war das Signal für meinen Auszug aus dem elterlichen Haus. Endlich musste ich mein Geld nicht mehr abliefern, endlich konnte ich selbst über mich und mein Leben bestimmen.

Ich mietete ein kleines Appartement in der Düsseldorfer Oststraße, von wo aus es nur wenige Minuten zum Hauptbahnhof waren. Die Zugverbindung nach Köln dauerte auf dieser Seite des Rheins lediglich zwanzig Minuten und das ersparte mir eine Menge Zeit.

In meinem Abendstudium interessierte mich vor allem die Psychologie bei Prof. Siegfried Behn und seiner Assistentin, Frau Mertins.

Psychologie und alles, was sich mit dem Verhalten eines Menschen beschäftigte, fand ich unglaublich faszinierend, und natürlich wollte ich dann meine frisch erworbenen Kenntnisse so schnell wie möglich in die Praxis umsetzen.

Dazu war meine berufliche Tätigkeit als Schriftsetzer leider wenig geeignet, und so machte ich mich auf die Suche nach einer befriedigenderen Tätigkeit, studierte die Stellenangebote regionaler und überregionaler Zeitungen, schrieb fleißig Bewerbungen, die natürlich typografisch hervorragend gestaltet waren, denn das hatte ich ja als Schriftsetzer gelernt.

Die dritte Zwischenbilanz:

Tiefe Feindschaft mit dem Lehrmeister.
Endlich ein Jünger Gutenbergs.
Der unglaubliche Stress des Abendstudiums.
Zusammenbruch im Zug nach Köln.
Endlich der einundzwanzigste Geburtstag.

Wie würde die Aufzeichnung der prägenden Erlebnisse Ihrer eigenen Jugendzeit aussehen?

In welche Richtung wurden Sie geführt oder sind Sie aus eigenem Antrieb geraten?

Konnten Sie die prägenden Erlebnisse überwinden oder sind Sie heute noch wirksam?

Nicht immer muss sich der elementare Erlebnisinhalt aus der ersten Lebensperiode negativ auswirken, auch wenn solche Erlebnisse gerne als Alibi benutzt werden: „Er hatte ja eine so schwere Jugend".

Wenn wir zum Beispiel meine elementaren Erlebnisse von Angst, Spott und Minderwertigkeit ansehen, so hätte sich daraus ein überaus ängstlicher und sich als minderwertig empfindender Mensch entwickeln können, oder aber auch das genaue Gegenteil.

Menschen, die z.B. durch tiefe Angsterlebnisse gegangen sind, können dies in zweierlei Richtung verarbeiten.

Es gibt heute nichts mehr, was sie noch ängstigen könnte – was soll da noch kommen?

Oder es bleiben von Angst geplagte Menschen, die nahezu vor allem und jedem Angst haben – schließlich haben sie die Angst ja erfahren!

Menschen, die so weit unten standen, wie ich in meiner Kindheit unten stand, der verspottete, unbrauchbare und ungeliebte Stotterer, bleiben entweder Menschen ohne jedes Selbstbewusstsein, oder sie schaffen es, aus eigener Kraft sich daraus zu befreien. Es gibt dann nichts, was sie noch an sich zweifeln lässt.

Unser Geburtsumfeld, die Konstellation, in die wir hineingeboren wurden, beinhaltet jene Lernaufgaben, die uns in unserem bevorstehenden Leben gestellt werden.

Darf ich das noch einmal kurz erklären, und verzeihen Sie mir bitte die kurze Wiederholung?

Die Schöpfung Erde ist im Prinzip der Polarität angelegt. Ich habe das schon eingangs dieses Kapitels dargestellt. Wenn ich nun recht deutlich auf einer Seite der Polarität geboren wurde, besteht in der Regel die Lebenslernaufgabe darin, sich in die Richtung des anderen Pols zu bewegen. Nehmen wir dazu einmal mein Leben:

Der Ausgangspol: *materielle und geistige Armut, Lebensangst, soziale Unterschicht, verspotteter Außenseiter, gefühlskalte Mutter, ungeliebt. (Liebe gibt es nicht, das ist Quatsch)*

Der Gegenpol: *materieller und geistiger Wohlstand, angstfrei und voller Urvertrauen, eigenes Wertbewusstsein, Liebe nehmen und geben.*

Dies ist zwar keine leichte Aufgabe, aber eine wunderbare Chance des Wachstums. Wir können solche Chancen nutzen oder an ihnen scheitern. Es macht keinen Sinn, sich über eine schwere Startposition zu beklagen, sie gar als Alibi vor sich herzuschieben und dadurch keinen Schritt weiterzukommen.

Irgendwo in der Mitte der beiden Pole werden wir unseren Platz finden müssen. Die Polarität selbst können wir nicht aufheben. Selbst wenn wir es schaffen würden, alle Menschen nur noch zu lieben und ihnen Gutes zu tun, werden einige uns genau dafür hassen. Den Gegenpol von Liebe, den Hass, können wir nicht ausschalten.

Da beide Pole ja immer nur die extremen Enden ein und derselben Sache sind, wird jede Aktivität auf einer Seite des Pols auch immer eine Reaktion auf der anderen Seite des Pols auslösen.

Das gilt auch in einer Partnerschaft zwischen Mann und Frau. Männlich und weiblich sind entgegengesetzte Pole. Alles, was auf der einen Seite der Polarität geschieht, löst eine Reaktion auf der anderen Seite der Polarität aus. Viele Partnerschaftsprobleme resultieren aus diesem Reaktionsmuster und sind innerhalb der Polarität auch wieder lösbar.

Wenn wir einen Platz in der Mitte besetzen können, von dem aus wir dem Gezerre der beiden Pole amüsiert zuschauen – ohne uns hineinziehen zu lassen –, dann haben wir es geschafft

Packen wir die Aufgaben an, die uns mit der Geburtssituation serviert wurden. Wachsen wir daran und jammern wir nicht darüber!

Alles ist möglich, oder wir selbst halten es nicht für möglich, womit wir uns dann natürlich auch selbst blockieren.

> Was wir uns selbst nicht zutrauen
> kann weder geschehen, noch
> werden andere es uns zutrauen.

Es wäre auch eine Unverschämtheit, von anderen etwas zu erwarten, was wir nicht einmal von uns selbst erwarten. Oder wie sehen Sie das?

Die Einstellung „Hab du mich doch bitte lieb, ich kann mich selbst nicht leiden" kann und wird nicht funktionieren!

3

Der radikale Niveau-Wechsel

Meine intensiven und vielfältigen Bemühungen, mein im Abendstudium neu erworbenes Fachwissen nun auch endlich in die Praxis umsetzen zu können, hatten Erfolg.

Auf eine meiner Bewerbungen kam eine Rückantwort von der Firma Elizabeth Arden, mit damaligem Sitz in Düsseldorf, Königsallee 98, in der ich zu einem Vorstellungsgespräch eingeladen wurde.

Also nichts wie hin! Eine mögliche Arbeitsstelle auf der Düsseldorfer Königsallee statt der Druckerei in Köln, ja, das könnte es doch gewesen sein. Dann hätte sich der Einsatz doch allemal gelohnt.

Von Kosmetik hatte ich so viel Ahnung wie eine Kuh vom Sonntag (meine Mutter besaß nicht einmal einen Lippenstift), aber warum sollte ich das nicht auch erlernen können, und schließlich wurde ja kein Kosmetikfachmann, sondern ein Werbeleiter gesucht, so jedenfalls die Beschreibung der Stelle, auf die ich mich beworben hatte.

Fundierte Kenntnisse in der Werbemittelherstellung, was ja auch den Umgang mit Druckereien bedeutete, sollten allerdings beim Bewerber um diese Position vorhanden sein, und genau damit konnte ich natürlich reichlich dienen.

Das Vorstellungsgespräch mit den beiden führenden Herren des Hauses, dem Geschäftsführer und dem Verkaufsleiter, verlief positiv und in einer sehr angenehmen Atmosphäre. Ich bekam diesen Job. Glauben konnte ich das zunächst selbst nicht. Irgendwie war das alles so unwirklich.

Ich muss zu diesem Zeitpunkt so Anfang zwanzig gewesen sein, denn ich war ja schon aus dem elterlichen Haus ausgezogen, und von meinem kleinen Appartement in der Düsseldorfer Oststraße bis zur Königsallee waren es nur wenige Gehminuten.

Endlich keine Zugfahrten mehr nach Köln. Der Stress wurde weniger, wenngleich ich nunmehr auch sehr viel Zeit damit verbrachte, mich in die neue Materie einzuarbeiten. Schließlich musste auch ich wissen, was diese oder jene Creme bewirkte, wann dieser oder jener Lidschatten angesagt war und was Miss Arden der Damenwelt für die neue Saison noch so diktierte, oder ich hätte nicht dafür werben können.

Ja, Miss Arden konnte zu dieser Zeit tatsächlich diktieren, sie gab den Trend vor, und die Branche folgte ihr. Nur Helena Rubinstein versuchte schon in dieser Zeit etwas modifizierte Wege zu gehen. Elizabeth Arden aber war damals der absolute Marktführer und Trendsetter und musste sich zum Beispiel in keiner Weise darum bemühen, Parfümerien zu finden, die diese Marke führten.

Ganz im Gegenteil! Interessierte Parfümerien konnten sich um die Marke bewerben, konnten sich um ein sogenanntes Depot bewerben. Ein Depot bedeutete, dass alle Artikel der Marke Elizabeth Arden geführt werden mussten und die einzelne Parfümerie oder Parfümerie-Abteilung selbst keinen Einfluss darauf hatte.

Auch galten hohe Anforderungen an Lage, Ausstattung und qualifiziertem Personal eines solchen Geschäftes. Das Personal, das für Elizabeth Arden beraten und verkaufen durfte, wurde dazu natürlich speziell und regelmäßig geschult, wozu es im Hause eine eigene Schulungsabteilung gab.

Mit einigen dieser Damen verstand ich mich sehr gut, und so kam auch ich mit der Zeit zu den nötigen Fachkenntnissen – in jeder Hinsicht. Was durch Arbeit und Studium zwangsläufig verhungert war, durfte nun zum Leben erwachen.

Ich habe mich in dieser Zeit in jeder Beziehung freigeschwommen. Rücken, Kraul, Brust, Schmetterling und auch das tiefe Abtauchen wurden sehr schnell zu meinen Lieblingsdisziplinen.

Ich war neben dem Geschäftsführer und dem Vertriebsleiter der einzige Mann im Hause und meist allein mit neunzehn attraktiven Damen, die ihre Reize voll ausspielten, was ja schließlich der Sinn kosmetischer Verschönerungen war. Die beiden genannten Herren, meine direkten Vorgesetzten, waren meist geschäftlich unterwegs.

Ich war durch meine Position bei Elizabeth Arden plötzlich in der eleganten Welt angekommen, und ich muss ehrlicherweise sagen, dass ich mich zu meinem eigenen Erstaunen darin keineswegs falsch fühlte.

Natürlich war ich in der ersten Zeit noch relativ unsicher. In meiner Kindheit wurde mir zum Beispiel kein sechsteiliges Besteck auf meinen Essplatz gelegt. Es gibt aber nichts, was man nicht erlernen kann. Das war jedenfalls immer mein Motto und ist es auch heute noch. Ich lerne heute immer noch, auch mit jedem Menschen, der zu mir kommt.

Ein Mensch, der aufhört zu lernen,
hört auf zu leben.

Die Schöpfung dreht sich unentwegt weiter. Nichts bleibt so, wie es ist. Alles ist in Bewegung.

Sehr gut ist es, wenn wir den dauernden Wechsel mitgehen und nicht am Alten festhalten.

Noch besser ist es, wenn wir dem Wechsel ein Stück voraus sind und ihn – wenn möglich – sogar mitbestimmen.

Es gibt Menschen, die gehen vorweg, und es gibt Menschen, die laufen hinterher, und das sind sicher über neunzig Prozent.

Versuchen Sie immer zu denen zu gehören, die vorweggehen. Nur dann werden Sie wirklich wahrgenommen.

Aber gehen wir zurück zu meinem Job als Werbeleiter. War am Anfang noch alles neu, spannend und hochattraktiv für mich, so wuchsen doch mit der Zeit meine Ansprüche und eine gewisse Unzufriedenheit kam in mir hoch. Der Gestaltungsraum meines Jobs war relativ begrenzt, und das galt nicht nur für die Gestaltung der Werbemittel.

Die erste Geige spielte in den USA, natürlich im Mutterkonzern. Was von dort vorgegeben wurde, musste in den einzelnen Ländern genau so umgesetzt werden.

Das Art-Work kam aus den USA, und da Deutschland damals noch sehr USA-gläubig war, war dies auch eigentlich kein größeres Problem. Nur für mich wurde es mit der Zeit zu einem größeren Problem, denn ich wollte mehr als nur Vorgaben umsetzen. Ich wollte selber machen, dabei hätte ich doch eigentlich ganz zufrieden sein können. Es ging mir doch wirklich nicht schlecht.

Aber wo war es anders? Wo konnte man als Werbeleiter wirklich eigene Ideen umsetzen? Natürlich in kleineren Firmen, die nicht an höhere Weisungen gebunden waren. Aber wäre dies nicht eine Verschlechterung für mich gewesen? Vom Weltkonzern zur Firma Franz Maier und Söhne irgendwo im Hinterland, wo dann statt einer Konzernzentrale in New York nunmehr der Inhaber und seine Frau den Ton angaben.

Große Unternehmen waren entweder international gebunden oder wurden von großen Werbeagenturen betreut, und in genau diesen Werbeagenturen sah ich meinen neuen Ansatzpunkt.

Aber was hätte ich dort schon anzubieten? Dort saßen sicher erfahrenere und besser ausgebildete Leute, als ich es in meinem damaligen Stadium war. Dort gab es Fachleute für alle Spezialgebiete, für Film-, Funk- und Fernsehwerbung, über Printmedien bis hin zum Plakatanschlag, Direktwerbung usw. Dorthin einfach eine normale Bewerbung zu schicken, war sicher relativ aussichtslos.

Ich musste mir etwas einfallen lassen, und mir fiel auch etwas ein.

Ich nutzte eine mehrtägige Abwesenheit meiner beiden Vorgesetzten und lud zwei große Düsseldorfer Werbeagenturen zu einer Präsentation ihres Unternehmens in die Königsallee ein. Den Namen des damaligen Branchenführers Elizabeth Arden hätte natürlich jede Agentur gerne auf ihrer Kundenliste geführt. Hier hatte ich also etwas anzubieten.

So saßen dann an unterschiedlichen Tagen zwei Inhaber von großen und bekannten Werbeagenturen in meinem Büro und präsentierten mir, dem Werbeleiter, das Angebot ihrer Agenturen.

Größenwahn? Nein! Ich tat ja nichts Unrechtes, ich tat ja nichts, was Elizabeth Arden irgendwie hätte schaden können, und ohne eine gewisse Schlitzohrigkeit wäre ich wohl auf der Stelle getreten.

Natürlich ging es in diesem Fall nur um die Schaltung der Anzeigenwerbung, denn das Art-Work kam ja, wie ich schon gesagt habe, aus den USA.

Aber ich lernte dabei zwei sehr wichtige Leute kennen, und noch wichtiger: „Diese lernten mich kennen"! Und zwar in einer Konstellation, wo sie etwas von mir wollten, und nicht umgekehrt. Dies ist allemal die bessere Position.

Im Endeffekt musste ich dann leider beiden Agenturen absagen. Der Mutterkonzern hatte entschieden, dass auch die Anzeigenwerbung über die Agentur geschaltet werden sollte, die den Konzern weltweit betreute und sich inzwischen auch in Deutschland einen Kooperationspartner zugelegt hatte. Aber das war von mir nicht voraussehbar gewesen.

Aber auch „absagen" kann man so oder so, und ich will Ihnen, verehrte Leser, nicht vorenthalten, wie meine etwas zugegebenermaßen nicht ganz uneigennützige Absage aussah.

Ich rief den Inhaber der Agentur an, bei der ich auch selber gerne gearbeitet hätte, und sagte ihm, dass ich so gerne mit seinem Haus zusammengearbeitet hätte, dass er und seine Präsentation einen tiefen Eindruck bei mir hinterlassen hätten und ich nun doch leider absagen müsse.

Aber vielleicht könnten wir ja auch auf anderem Weg zusammenkommen. Wenn er z.B. jemanden mit speziellen Kenntnissen des Kosmetik-Marktes gebrauchen könne, würde ich mich über eine Aufgabe in seinem Haus riesig freuen.

Er konnte mich gebrauchen, oder er dachte es zumindest.

So gelang mein erster Wechsel in eine der größten Werbeagenturen Deutschlands. Ich wurde zunächst als Kontakt-Assistent eingestellt und einer der drei Etat-Direktionen zugewiesen, Gruppen, die jeweils aus ca. 20-25 Leuten bestanden und so etwas wie Agenturen in der Agentur waren.

Der gesamte Kundenkreis der Agentur war damals in drei Etat-Direktionen aufgeteilt, die jeweils sechs bis sieben Kunden betreuten. An der Spitze stand ein verantwortlicher Etat-Direktor. Dahinter gab es für jeden Kunden einen speziellen Kontakter, der der direkte Gesprächspartner des Kunden war, und ich war also nun der Assistent eines solchen Kontakters.

Allerdings nicht allzu lange, denn der Agentur gelang es, einen neuen Kunden aus der Kosmetik-Branche zu gewinnen, und da wurde ich natürlich als der Fachmann eingeführt, der dann diese Kosmetikmarke betreuen sollte.

Nun, vom ehemaligen Werbeleiter des Branchenführers betreut zu werden, schien auch dem neuen Kunden nicht ganz falsch, und so stieg ich sehr schnell zum Kontakter auf, der sich dann seinerseits wieder einen Assistenten aussuchen konnte.

> *Wenn man ganz unten ist, hat man die Chance, aufzusteigen.*
> *Wenn man ganz oben ist, kann man hingegen nur absteigen.*

Ich entschied mich bei meiner Assistentensuche für einen jungen Mann, der aus einer kleinen, unbedeutenden Agentur aus München kam und es später zu meinem Nachfolger und dann zum Hauptgeschäftsführer und Gesellschafter eben dieser Agentur brachte. Ich kann also kein schlechter Lehrmeister gewesen sein.

So fleißig ich auch bis dahin in meinem Leben war, so entwickelte ich plötzlich eine gesunde Faulheit, und das mag Sie, verehrte Leser, vielleicht wundern. Ich ließ besagten Assistenten machen, was immer er machen wollte und auch konnte, und beschränkte mich meinerseits auf notwendig erscheinende Kontrollen und Korrekturen. Ein Freiraum, den mein Assistent dankend annahm, denn es war ja auch die Chance für ihn.

Ich hatte dadurch immer Zeit, ein Schwätzchen zu führen, durchs Haus zu gehen, diesem oder jenem einen Gefallen zu tun und dabei so etwas wie Seilschaften zu knüpfen, in denen man sich gegenseitig half, wenn Not am Mann war. Auch in privaten Problemen konnte ich sehr oft helfen. Mit mir konnte jeder reden.

Not am Mann war vor allem dann, wenn eine Präsentation zu einem bestimmten Termin fertig sein musste. Dann musste auch schon einmal eine Nacht durchgearbeitet werden. Nichts Ungewöhnliches in Werbeagenturen.

Nun, da ich immer Zeit hatte, bekam ich schon sehr bald einen zweiten und dritten Kunden dazu und so wuchs unter meiner Führung eine neue Etat-Gruppe heran.

Die logische Konsequenz – ich wurde zum Etat-Direktor ernannt, war verantwortlich für ein Werbevolumen von ca. 30 Mio. DM und stand nun in der Hierarchie gleich unter dem Inhaber und einem Geschäftsführer. Zu diesem Zeitpunkt war ich ca. sechsundzwanzig Jahre alt.

Ich war nicht ganz unzufrieden mit mir. Vom Sohn ungelernter Fabrikarbeiter zum Etat-Direktor einer der größten deutschen Werbeagenturen mit der Verantwortung für ca. dreißig Millionen Werbegelder aufgestiegen zu sein, und das mit einem recht ansehnlichen Gehalt, schien mir nicht so ganz verkehrt gelaufen zu sein.

Nun will ich aber an dieser Stelle etwas abkürzen, Sie sind sicher nicht an allzu vielen Details interessiert.

Der persönliche Inhaber der Agentur, mit dem ich mich sehr gut verstanden hatte und der ja einmal bei Elizabeth Arden vor mir saß, verstarb unerwartet an einem Herzinfarkt. Die Erben verkauften danach einen großen Geschäftsanteil an eine amerikanische Agentur, die damit zum Hauptgesellschafter wurde.

Standen auch meine Chancen nicht schlecht, über kurz oder lang zum Geschäftsführer aufzusteigen und zwei noch vor mir stehende älteren Herren abzulösen, so verspürte ich doch keine große Lust, erneut den Statthalter für ein amerikanisches Unternehmen zu spielen, um dann von dort meine Instruktionen zu erhalten. Ich wollte selbst...

Sie kennen das inzwischen an mir. Aber wirklich eigenständig zu werden, ging letztlich nur über eine eigene Firma, und in diesem Sinne begann ich still und leise mit entsprechenden Vorbereitungen zur eigenen Firmengründung.

Trotz aller Vorsicht drang über eine Indiskretion etwas nach draußen, und ich wurde fristlos entlassen, was nach meinen damaligen Anstellungsverträgen absolut korrekt war. Ich wollte ja ohnehin weg, aber das kam nun doch etwas zu früh.

Ich stand plötzlich ohne weiteres Einkommen da, und große Reichtümer hatte ich in der kurzen Zeit meines Aufstiegs noch nicht anhäufen können. Ich kratzte also zusammen, was zusammenzukratzen war, und die Bank gab mir, allein auf meinen guten Namen hin, einen Kredit von 50.000 DM, und damit sind wir wieder bei einem sehr wichtigen Punkt.

Verpflichtungen aus einer Bankverbindung, Kreditkarten und dergleichen habe ich immer zu einhundert Prozent korrekt er-

füllt. *Ich hätte eher gehungert, als eine Verpflichtung nicht zu erfüllen. Den guten Namen und das Vertrauen, das ich mir auf diese Weise geschaffen hatte, zahlte sich nunmehr aus.*

Ich mietete ein kleines Büro in einem Bungalow außerhalb der City an und stellte eine Sekretärin ein, die ich nicht im Unklaren darüber ließ, dass ihre Anstellung durchaus eine relativ kurzfristige Angelegenheit sein könnte, wenn meine Neugründung scheitern sollte.

Des Weiteren mietet ich einen Fernschreiber mit Lochstreifentechnik, was zur damaligen Zeit das schnellste Kommunikationsmittel war. Die Büroeinrichtung bestand aus den alten Möbeln einer Steuerkanzlei, die sich ihrerseits verkleinert hatte und deren überschüssige Möbel ich sehr günstig erwerben konnte.

Das war also meine neu gegründete Werbeagentur: ein kleines Büro mit sechs Räumen, eine Sekretärin, ein Fernschreiber und ich.

Das finanzielle Fundament mehr als bescheiden.

Das persönliche und das fachliche Image hervorragend.

Menschliche Beziehungen und Seilschaften hervorragend.

Angst – unbekannt!

Meine menschlichen Beziehungen und Seilschaften stellten sich dann als der entscheidende Faktor zum späteren Erfolg heraus. Ich war als Etat-Direktor immer zu allen Mitarbeitern fair gewesen und hatte ihnen geholfen, wo immer ich helfen konnte. Davon konnte ich nun etwas zurückfordern, das heißt, ich musste es gar nicht erst fordern, es kam ganz automatisch auf mich zurück. Es wurde mir etwas zurückgeschenkt.

Ich besaß noch eine Telefon-Durchwahl-Liste der alten Agentur mit dem gesamten Mitarbeiterverzeichnis. Wenn immer ich eine Information brauchte, wenn immer ich eine Hilfe brauchte, konnte ich einfach auf den entsprechenden Arbeitsplatz durchwählen, und mir wurde geholfen. Ich konnte nahezu wie in alten Zeiten auf dem Klavier der früheren Groß-Agentur spielen.

Juristisch sicher nicht ganz korrekt, aber ungeheuer hilfreich!

Meine eigene Firmengründung sprach sich sehr schnell herum, denn ich stand auch mit den Branchen-Informationsdiensten auf gutem Fuß. Ich hatte ihnen in meiner früheren Tätigkeit so manchen heißen Tipp gegeben. Auch hier zahlte sich mein offenes Verhalten aus. Es wurde eifrig über meine Neugründung berichtet.

Die Aufgabe meiner Sekretärin bestand nun darin, Gott und die Welt per Fernschreiben über mein neu gegründetes Unternehmen zu informieren. Ein Fernschreiben wurde damals einem Empfänger immer gleich vorgelegt, denn es strahlte eine gewisse Wichtigkeit aus. Der Lochstreifen mit dem Standardtext lief stundenlang, und auch hier blieb dann der Erfolg nicht aus.

Meine neue Agentur wurde von einem holländischen Dosenmilchproduzenten zu einer Präsentation unserer Vorschläge für eine Werbekampagne, für eben diese Dosenmilch, aufgefordert.

Mit mir waren gleichzeitig zwei Großagenturen in Düsseldorf und eine weitere Agentur in Frankfurt zum Wettbewerb aufgefordert worden. Immerhin ging es um einen Werbeetat von 2,5 Mio, von denen immer 15% automatisch auf der Einnahmenseite der Agentur zu verbuchen waren.

Aber wie sollte ich gegen diese Mitbewerber mit meiner Ein-Mann-Agentur ankommen? Diese Agenturen waren in der Lage, alle Register zu ziehen und jeglichen Service anzubieten, von der TV-Werbung bis hin zur Plakatwerbung, oder was auch immer.

Üblich war es, dass der Auftraggeber einer solchen Präsentation fünfzehntausend DM für den Fall zahlte, dass die ausgearbeiteten Vorschläge einer Agentur nicht angenommen wurden. Wenn wir also am Ende nicht die Glücklichen sein würden, hätten wir zumindest keinen finanziellen Schaden erlitten. Die fünfzehntausend DM Honorar waren in jedem Fall sicher.

Ich gebrauche hier zum ersten Mal das Wort „wir", denn ich war in der Tat nicht mehr ganz alleine. Mit einem der besten Texter dieser Zeit und einem Manager aus der Industrie, der damals noch in Frankfurt arbeitete, hatte ich verabredet, dass sie einmal als Partner zu mir stoßen würden, sobald meine kleine Agentur dies finanziell tragen könne.

In diesem Sinne wechselte der Frankfurter Manager schon einmal in eine Firma nach Düsseldorf, sodass beide zukünftigen Partner vor Ort waren und vor allen Dingen in Brot und Arbeit standen, denn meine Neugründung hätte das natürlich nicht tragen können.

Wie finanziell knapp es in dieser Zeit für mich am Ende wurde, sehen Sie daran, dass ich einmal diesen Manager aus einer Besprechung herausholen musste, um mir 65 DM zu überreichen, damit ich diese umgehend bei der Post einzahlen konnte, um eine Absperrung meines Telefons zu vermeiden.

Dieser Anschluss ist vorübergehend nicht erreichbar... wäre das Letzte gewesen, was mir zu dem Zeitpunkt hätte passieren können.

Aber es waren nicht nur die beiden zukünftigen Partner, die mir zur Seite standen. Auch eine Menge Leute aus der schon einmal erwähnten Telefon-Durchwahlliste konnte ich um Hilfe bitten, und die wiederum kannten andere Leute, die wiederum andere Leute kannten... Die Düsseldorfer Altstadt war diesbezüglich eine zuverlässige Informationszentrale.

Am Ende konnte ich drei verschiedene Teams zusammenstellen, die in ihrer Freizeit eine Kampagne für mich ausarbeiteten. Natürlich konnte ich diese Leute nicht bezahlen.

Ich versprach aber, dass ich die fünfzehntausend DM, die der Auftraggeber im Falle unserer Nichtbeauftragung zu zahlen hatte, unter diese drei Teams aufteilen würde.

Weiterhin versprach ich, dass ich im Falle einer Beauftragung das siegreiche Team umgehend bei mir einstellen würde. Sie sollten dann meine ersten Leute sein. Auch der Kunde bekam dann tatsächlich die Leute, die die Kampagne für ihn gestaltet hatten und ihn nun weiter betreuten. Dies war, wie ich empfand, eine für alle Seiten faire Lösung.

So entstanden also drei verschiedene Kampagnen-Vorschläge in meiner kleinen Agentur, während meine großen Mitbewerber nur jeweils einen Vorschlag präsentierten.

Kritisch wurde es allerdings, als der Geschäftsführer des holländischen Dosenmilchherstellers meine Agentur einmal besuchen wollte, um sich einen Eindruck zu verschaffen. Meinen Fernschreiber hätte er natürlich besichtigen können, aber was sonst noch?

Nun, am Besichtigungstag fehlten in einigen Düsseldorfer Firmen einige Leute, die dringend zum Zahnarzt mussten, ihre Großmutter beerdigten, einen Anwaltstermin wahrzunehmen hatten, oder was auch immer. Man hätte sie alle in meinen Räumen antreffen können, denn dort herrschte für ca. zwei Stunden eine emsige Betriebsamkeit.

Jeder Arbeitsplatz an den vom Steuerberater übernommenen Möbeln war besetzt. Papier lag herum, an den Wänden hingen Skizzen aller Art und es wurde emsig telefoniert. Fleißige Leute überall! Ein durchaus dynamisches Team. Nun muss ich die Geschichte etwas abkürzen.

Ich bekam den Auftrag. Ich hatte mit unseren drei völlig unterschiedlichen Vorschlägen die Konkurrenz abgehängt.

Wir hatten uns sichtbar die größte Mühe gegeben. David hatte Goliath geschlagen, was in den Branchen-Informationsdiensten natürlich sofort zum Thema des Tages wurde und uns weitere Anfragen brachte.

Die ersten zweieinhalb Millionen Werbeetat waren in unseren Händen, und davon waren, wie ich schon gesagt habe, fünfzehn Prozent unser Honorar-Anteil, von dem wir natürlich unsere Kosten zu bestreiten hatten. Die beiden vorgesehenen Partner konnten nun endlich einsteigen, der weitere Aufbau konnte beginnen.

Aber wie ging es nun weiter? Gehen wir zum nächsten Fall.

Die damalige deutsche Bundesregierung hatte sich die Einführung sogenannter Volksaktien zum Ziel gesetzt. Das heißt, große Unternehmen, an denen der Staat mehrheitlich beteiligt war, sollten solche Volksaktien zu besonderen Konditionen herausgeben, um auch einfache Menschen an die Idee des aktiven Investierens in Aktien, statt des passiven Sparbuchs, heranzuführen.

Um diese Idee unters Volk zu bringen, wurden wir von einem, mehrheitlich im Bundesbesitz befindlichen großen Düsseldorfer Energie-Konzern zu einer Präsentation unserer Vorschläge aufgefordert. Natürlich auch hier – ähnlich wie im ersten Fall – mit entsprechender Konkurrenz im Nacken.

Aber wiederholen konnte ich das alte Spielchen mit unserem ersten Etat-Gewinn nun nicht mehr. Inzwischen hatte ich ja eine eigene Mannschaft zusammen. Trotzdem konnte ich mit den Möglichkeiten der Großagenturen nicht auf gleicher Ebene konkurrieren.

Wir hatten folglich nur ein paar Anzeigenlayouts und uns selbst vorzustellen, und dieses „Uns-Selbst" dokumentierte ich durch ein Uher-Tonbandgerät, das ich dem versammelten Vorstand auf den Tisch stellte.

Dieses Tonbandgerät hatte ich mir für einige Tage um die Schulter gehängt und dann mit einem Mikrofon in der Hand auf der Straße, in Supermärkten, in der Straßenbahn, oder wo auch immer, ganz normale Menschen mit der Frage „Was verstehen Sie unter dem Begriff „VEBA"? interviewt. Diesen Namen kann ich heute nennen, er ist ja so nicht mehr existent.

Die meist geäußerte Meinung war, dass es sich hierbei um einen volkseigenen Betrieb der DDR handele. Das, was sich tatsächlich hinter diesem Namen verbarg, wussten nur ca. sieben Prozent der Interviewten, ansonsten gab es die abenteuerlichsten Deutungen, die man leicht in einer Kabarett-Sendung hätte vorspielen können.

Normalerweise saß der Chef einer Agentur wohlwollend dabei, wenn seine Leute die Vorschläge der Agentur präsentierten. In unserem Fall war das anders. Hier hatte sich der Chef der Agentur, hatte ich mich selbst unters Volk gemischt, hatte Menschen interviewt und mir ein Bild von der bevorstehenden Aufgabe gemacht. Das dokumentierte höchsten Einsatz.

Diese Tonbandaufzeichnungen habe ich dann in der Präsentation einfach ablaufen lassen, und was dabei offenbar wurde, hatten die Herren des Vorstandes so noch nie wahrgenommen.

Sie saßen im goldenen Turm ihrer Zentrale und hatten den Kontakt zum einfachen Volk völlig verloren. Es herrschte dann eine gewisse Sprachlosigkeit, die an manchen Stellen durch verlegenes Lachen unterbrochen wurde.

Mein einziger Kommentar war, dass es keinen Sinn mache, für eine Volksaktie unter dem Begriff VEBA zu werben, wenn niemand mit diesem Begriff etwas anfangen könne, und dass zunächst einmal eine solide Basisarbeit geleistet werden müsse. In diesem Sinne hätten wir nur einige Anzeigenskizzen vorbereitet, um anzudeuten, in welche Richtung wir arbeiten würden.

Nun, auch diese Präsentation endete, wie alle Präsentationen üblicherweise enden. Der Auftraggeber bedankte sich für die geleistete Arbeit, kündigte interne Beratungen über die Vorschläge an und wollte sich dann mit einer Entscheidung wieder bei uns melden.

Wir waren in dieser Präsentation zu zweit, verließen dann auch unsererseits, höflich für das entgegengebrachte Vertrauen dankend, den Konferenzraum und den Konzernsitz, der sich damals noch in der Düsseldorfer Innenstadt, am sogenannten „Wehrhahn", befand.

Wir hatten ungefähr zweihundert Meter in Richtung einer Ampel zurückgelegt, als der Pförtner hinter uns hergelaufen kam und uns bat, noch einmal in den Konferenzraum zurückzukehren. Wir wunderten uns! Hatten wir etwas vergessen?

Im Konferenzraum wurde uns dann mitgeteilt, dass nur eine sehr kurze Beratung nötig gewesen sei und der Vorstand sich darauf freue, mit uns zusammenzuarbeiten. Nun, wir freuten uns auch. Die nächsten Werbemillionen durchliefen unser Haus und ließen fünfzehn Prozent Honorar zurück.

Es war geschafft.

Ich habe dann noch einige Jahre in der von mir gegründeten Werbeagentur verbracht, bis ein Umsatzvolumen von ca. fünfundsechzig Millionen erreicht war.

Ich bin dann ausgeschieden. Meine beiden Partner, die jeweils ein Drittel der Anteile hielten, haben sich dann ihrerseits, mit meinem frei werdenden Drittel, mit einer französischen Großagentur verbunden, um besser ins internationale Geschäft zu kommen. Eine sehr weise und richtige Entscheidung.

Ich selbst hatte mit meinem Leben etwas anderes vor, als den Marktanteil irgendwelcher Marken oder Firmen durch entsprechende Werbemaßnahmen zu steigern. Die Sinnfrage stellte sich in meinem Leben schon sehr früh.

Meine Zeit in den Druckereien wie auch meine Zeit in Marketing und Werbung waren immer nur Mittel zum Zweck. Ich wollte etwas Sinnvolleres mit meinem Leben anfangen. Ob nun jemand eine holländische oder deutsche Dosenmilch in seinen Kaffee schüttet, schien mir zu belanglos, um sich damit auf Dauer zu beschäftigen.

Was dann im Endeffekt meine Tätigkeit sein würde, war mir zwar immer noch nicht so ganz klar, aber Sie erinnern sich, dass Bücher, Drucken, Psychologie usw. so etwas wie eine Dunstglocke waren, die mich schon lange umgab, und dass gerade der praktischen Psychologie, also der Arbeit mit Menschen, dabei immer eine tragende Rolle zukam.

Bevor ich dieses Kapitel abschließe, möchte ich Ihnen aber noch von einer kleinen Genugtuung berichten, die ich mir selbst bereitet habe.

Während der Zeit meiner eigenen Werbeagentur habe ich mir immer sehr schöne Autos geleistet und so ziemlich alles ausprobiert, was schnell und teuer war. Ferrari, Maserati, Porsche, Jaguar usw. Bevor es die Steuer auffraß, erlaubte ich mir lieber diese Dienstwagen, die ja dann auch für Werbeaufnahmen zur Verfügung standen, so jedenfalls meine Argumentation.

Die absolute Krönung war ein Lamborghini Miura SC, damals wohl eines der schnellsten Autos mit 360 PS und einer Höchstgeschwindigkeit von etwas über dreihundert Kilometer pro Stunde. Ein Modell dieses Wagens steht heute noch auf meinem Schreibtisch.

Im besagten Lamborghini war ich einmal frühmorgens nach München unterwegs, als ich nur durch eine Vollbremsung die Kollision mit einem VW-Käfer verhindern konnte.

Aus einer Auffahrt kommend scherte dieser Käfer in die völlig freie Autobahn ein und wechselte sofort auf die linke Fahrspur. Vermutlich hatte der Fahrer nicht in den Rückspiegel geschaut, denn auf dieser linken Überholspur näherte ich mich mit durchaus erlaubter hoher Geschwindigkeit.

Als er mich dann endlich bemerkte, erschrak er wohl sehr und riss sein Fahrzeug unvermittelt auf die rechte Fahrspur zurück. Für mich war der Fall damit eigentlich erledigt, bis ich ca. drei Wochen später durch ein Schreiben des Amtsgerichts Nürnberg wieder daran erinnert wurde.

Ein Herr Oberstleutnant a.D. hatte mich wegen Nötigung angezeigt, und vor dem Amtsgericht Nürnberg hatte ein Lamborghini-Fahrer, der einen Oberstleutnant a.D. in seinem VW-Käferchen erschreckt hatte, keine Chance, zumal das Gericht auch noch erfuhr, dass ich während der Fahrt einen Helm trug.

Diesen Helm trug ich in dem nur 1,20 m hohen Fahrzeug zu meiner eigenen Sicherheit und wegen des höllischen Lärms, denn die Zwölfzylindermaschine, die in der Mitte des Fahrzeugs platziert war, war nur durch eine dicke Glasscheibe vom Fahrerkopf getrennt.

Jede Diskussion vor Gericht erübrigte sich in diesem Fall. Das Bild des rücksichtslosen Rowdys war komplett. Das Urteil lautete: Entzug der Fahrerlaubnis für ein halbes Jahr.

Für diese führerscheinlose Zeit habe ich einen Fahrer gesucht, der sporadisch zur Verfügung stehen konnte. So fand ich einen Mann, der mit seiner Frau in Düsseldorf einen Kiosk betrieb und froh war, ab und zu mal etwas anderes tun zu dürfen, wobei ihn dann seine Frau im Kiosk vertrat. Mit einem schönen Jaguar XJ6 zu fahren, den ich als Gebrauchtwagen für die führerscheinlose Zeit angeschafft hatte, machte auch ihm Spaß.

Nun fand ausgerechnet in dieser Zeit ein Klassentreffen mit jenen Schulkameraden statt, die mich wegen meines Stotterns immer gedemütigt und beim Fußball regelmäßig aussortiert hatten. Ich habe lange überlegt, daran teilzunehmen oder nicht. Sollte ich mir so etwas wirklich noch einmal antun? Würde das die alten Wunden nicht wieder aufreißen?

Ich tat es mir an, und zwar mit folgendem Plan: Mein Fahrer sollte gegen 20.45 Uhr in den Raum kommen, in dem ab 19,00 Uhr das Treffen stattfand, und mich höflich daran erinnern, das wir noch einen Termin wahrzunehmen hätten.

Die Tür öffnete sich zur verabredeten Zeit, ein Fahrer mit vorgeschriebener Fahrermütze, grauem Anzug und Handschuhen erschien, kam auf mich zu und erinnerte mich daran, dass wir aufbrechen müssten. Er nahm höflich meine Aktentasche entgegen und spazierte nach kurzem Verharren vor mir her und zur Tür hinaus.

Die offenen Mäuler meiner ehemaligen Mitschüler und die platten Gesichter, die sich an die Scheiben des Gastraumes drückten, als mir dann mein Fahrer die hintere Wagentür öffnete und der Jaguar mit mir abrauschte, waren eine kleine Genugtuung für all ihre Demütigungen.

Ich hoffe, Sie können das irgendwie nachvollziehen. Heute würde ich so etwas allerdings nicht mehr machen. Heute würde ich mein Ego, das damals noch nach Vergeltung schrie, besser im Griff haben – so hoffe ich jedenfalls! Garantieren kann ich das allerdings nicht.

Ziehen wir auch hier wieder so etwas wie eine Bilanz:

1. *Durch nahezu übermenschlichen Einsatz (Abendstudium) vom Schriftsetzer zum Werbeleiter.*
2. *Der schnelle Einstieg in die neue Welt der Kosmetik. Alles ist erlernbar, alles ist machbar.*
3. *Die Frechheit, Agenturchefs einzuladen und dann diese Kontakte für sich zu nutzen.*
4. *Der Einstieg in die Welt der Werbeagenturen, mit einer Karriere vom Kontakt-Assistenten zum Etat-Direktor.*
5. *Menschen zugewandt sein. Helfen, fördern und ein offenes Ohr haben.*
6. *Der etwas holprige Start in die Selbständigkeit mit der Hilfe vieler Menschen, die mir etwas zurückgeben wollten.*
7. *David besiegt Goliath. Die eigene Agentur wächst.*

Was ich Ihnen, verehrte Leser, besonders ans Herz legen möchte, ist die Erkenntnis, dass Sie Ihren eigenen Vorteil, dass Sie Ihren eigenen Erfolg langfristig niemals auf Kosten anderer erzielen können.

Sie brauchen Verbündete, brauchen Menschen, die Ihnen helfen.

Rücksichtslos und alleine gegen alle werden Sie verbluten.

Schaffen Sie sich Freunde statt Feinde.

Schaffen Sie sich ein Umfeld, das Ihnen wohlgesonnen ist.

Helfen Sie anderen, damit Ihnen geholfen wird.

Fördern Sie andere, damit Sie gefördert werden.

Dies sind geistige Ursachensetzungen, deren Wirkung auf Sie zurückfallen wird.

Der Mensch, den Sie heute übervorteilt haben, wird versuchen, Sie morgen zu übervorteilen.

Der Mensch, den Sie heute an die Wand drücken konnten, wird versuchen, Sie morgen an die Wand zu drücken.

Durch ein solches Verhalten schaffen Sie sich Kriegsschauplätze statt fruchtbare Äcker, auf denen Sie ernten können.

Dies ist aber keineswegs die Aufforderung, sich hinten anzustellen.

Alles für die Anderen und nichts für sich selbst wäre ein totales Missverständnis.

Nehmen Sie, beanspruchen Sie, Sie sind es wert, es ist Ihr Leben.

Sorgen Sie für Ihre Firma ICH, sie steht Ihnen am nächsten.

Aber tun Sie dies niemals auf Kosten anderer.

Natürlich wird es auch Menschen geben, die sich an nichts mehr erinnern, wenn sie Ihnen etwas zurückgeben könnten. Damit müssen Sie leben. So erging es mir mit dem Assistenten, den ich einmal eingestellt hatte, der mein Nachfolger und dann schließlich Geschäftsführer wurde. Aber die positiven Erfahrungen, die Sie machen werden, wiegen bei weitem die wenigen negativen Ausnahmen auf. Dies ist jedenfalls meine Erfahrung.

In meinem Buch „Das eigene Leben erfolgreich managen" habe ich von der 10%-Formel gesprochen.

Was immer Sie tun, welchen Job oder welche Position Sie auch immer ausfüllen, wenn Sie nicht mindestens 10% Ihrer Zeit für Ihre Firma ICH aufwenden, werden Sie nicht wahrgenommen, geschweige denn weiterkommen.

Sie müssen Ihren Anspruch anmelden, Sie müssen sich bemerkbar machen, oder es geschieht nichts.

Das gilt auch für Hausfrauen, die sonst so ganz selbstverständlich als Inventar gesehen werden.

Nun könnte man natürlich sagen, dass dieser Autor, der das hier alles so locker schreibt, natürlich heute schon ein älterer Herr ist und das, was damals möglich war, heute leider nicht mehr so funktioniert, die Zeiten seien viel härter geworden. Richtig und doch auch gleichzeitig falsch.

Natürlich ist nichts, was ich hier aufgezeigt habe, eins zu eins wiederholbar. Die Zeiten haben sich so geändert, wie sie sich von Generation zu Generation schon immer geändert haben. Die Schöpfung steht keinen Augenblick still. Ein Stillstand wäre sogar fatal.

Die Zeiten haben sich geändert.
Aber die Mechanismen, nach denen
Menschen agieren und reagieren,
haben sich nicht geändert.
Es gilt, diese Mechanismen zu kennen
und in die Gegebenheiten der jeweiligen Zeit
zu übertragen.

4

Der dritte Wechsel:
Kunst, Kommerz, Tiere, Luxus

Mit Hilfe meines früheren Partners, dem schon erwähnten Manager aus Frankfurt, eröffnete sich mir der Kontakt zu einer renommierten Kunstgalerie in Florenz.

Diese Galerie, in der Siegfried – so möchte ich meinen früheren Partner, der mit der Zeit mein bester Freund geworden war, ab hier nennen – suchte dringend einen verlässlichen Partner in Deutschland, um auch in diesem Markt tätig zu werden.

Siegfried hatte dort schon selbst seine Bilder ausgestellt. Er hatte vor seiner Managerkarriere an der staatlichen Hochschule für bildende Künste, dem Frankfurter Städl, studiert und es schon zu einem gewissen Bekanntheitsgrad gebracht.

Siegfried meinte, dass das doch auch für mich eine Einstiegschance in ein völlig neues Feld sein könnte. Immerhin standen bei einem solchen Einstieg die gesamte Erfahrung und vor allem auch das Bildmaterial wie auch alle Künstlerkontakte der Galerie in Florenz hinter mir.

Natürlich erschien mir ein solches Engagement reizvoll, aber eine Galerie oder ein Gebäude, in dem die Möglichkeit bestand, eine solche zu eröffnen, besaß ich nun einmal nicht. Mit einem fachlich fundierten Kunstverstand konnte ich ebenfalls nicht aufwarten, obwohl ich aus meiner bisherigen Zusammenarbeit mit kreativen Menschen aller Richtungen ein sicheres Gefühl für das entwickelt hatte, was stimmte und was nicht stimmte.

Warum sollte ich das nicht weiter ausbauen können?

Mein Freund Siegfried jedenfalls traute mir das ohne jede Einschränkung zu, und das gab mir das nötige Vertrauen. Ich sah mich also zunächst einmal nach Räumlichkeiten um.

Im Immobilienteil der Frankfurter Allgemeinen Zeitung wurde zu dieser Zeit ein vollkommen renoviertes Wasserschloß am Niederrhein mit einem fest eingezäunten Außengelände von 100.000 qm und allem erdenklichen Komfort angeboten.

Warum ich ausgerechnet diese Anzeige gelesen habe, kann ich bis heute nicht erklären, aber es muss wohl einen Sinn gehabt haben. Zufall ist nur die Bezeichnung für etwas, was wir nicht erklären können.

Eine marmorgetäfelte Schwimmhalle mit einem 25 m langen Becken, Sauna, Tennisplatz, Pferdeboxen, einer stilvoll gemauerten Bar, einem Gästeappartement und einer Hausmeisterwohnung waren ganz selbstverständlich vorhanden.

Die Lage war ideal: ca. 30 Autominuten zu den Städten Krefeld und Moers, 45 Autominuten nach Düsseldorf, Essen, Dortmund und dem gesamten Ruhrgebiet.

Mir ging spontan die Idee durch den Kopf, in diesem Anwesen so etwas wie ein nahes Ausflugsziel zu schaffen, in dem Menschen sich wohlfühlten, in dem sie relaxen konnten und gleichzeitig mit zeitgenössischer Kunst in Berührung kamen, die sie bei Interesse natürlich auch erwerben konnten. Ein solches Interesse galt es zu wecken.

Auf diesem Weg müsste es möglich sein, außerhalb des klassischen Galeriebetriebs, an dem immer nur eine relativ geschlossene Schicht teilnahm, auch andere Menschen dazu zu bewegen, den im Wohnzimmer hängenden, preisgünstig erworbenen Druck, durch ein echtes Bild eines zeitgenössischen Künstlers zu ersetzen.

Es würde keinen Sinn machen, eine ganz normale Galerie zu eröffnen, wie es sie schon überall zur Genüge gab.

Nun war ich aber mit einer solch angedachten Dimension total überfordert, vor allem in finanzieller Hinsicht. Mein Ausscheiden aus der von mir gegründeten Werbeagentur erbrachte nur einen vergleichsweise bescheidenen Erlös, denn ich hatte mein Gesellschafter-Konto durch zahlreiche, privat bedingte Entnahmen schon vorher reichlich geplündert.

Ich brauchte also Partner, um so etwas stemmen zu können. Ich musste für meine Idee werben, aber mit Werbung kannte ich mich ja schließlich aus.

Ich fand drei wohlsituierte Gesellschafter, die eine GmbH zum Betrieb einer solchen Galerie im Grünen gründeten und mich dazu als alleinigen Geschäftsführer einsetzten.

Das Mietverhältnis für die Anlage kam jedoch ausschließlich zwischen mir und dem Eigentümer zustande, was bei meinem untadeligen Ruf als Geschäftsmann kein Problem war. Sollte die neue Gesellschaft wider Erwarten nicht funktionieren, so wollte ich nicht auch gleich persönlich davon betroffen sein und die Anlage räumen müssen. Schließlich hatte ja ich sie dann angemietet. Ob das dann auch so funktioniert hat, werden Sie sehen.

Zur Vertragsunterzeichnung kam dann der Eigentümer im Ferrari und ich im Lamborghini, den ich nach meinem Ausscheiden aus der Agentur behalten hatte. Wer hätte da noch Zweifel haben können?

Manchmal sind die Entscheidungs-Mechanismen recht einfacher Natur. Wir haben dann mehr über unsere fahrbaren Untersätze gefachsimpelt als über das Mietobjekt und meine Geschäftsidee.

Nun muss ich hier wieder einmal etwas abkürzen. Nach einer gewissen Anlaufzeit funktionierte das Ganze immer besser, da auch einer meiner alten Kunden aus der Werbeagenturzeit weiterhin ausschließlich von mir betreut werden wollte.

Somit ergab sich schon einmal ein Umsatz von ca. 1,5 Mio., aus dem wieder 15% Honorar abfielen. Wir standen damit auf zwei Beinen, und jeder der beiden Bereiche war weiter ausbaubar.

Zukunftssorgen hatte ich nicht, hatte ich übrigens noch nie und auch bis heute nicht.

Warum sollte ich mir Sorgen um etwas machen, dass noch nicht da war. Viel wichtiger war das Hier und Jetzt.

Konnte ich das Hier und Jetzt optimal gestalten, ergaben sich daraus die besten Voraussetzungen für die Zukunft.

Nun hatten wir 100.000 qm bestens mit Maschendraht eingezäuntes Gelände um uns herum, das einmal als Pferdekoppeln vorgesehen war. Aber ich wollte ja kein Gestüt eröffnen, davon verstand ich nun wirklich nichts, aber auch hier fand ich eine Lösung.

Ganz in der Nähe befand sich ein Versuchsgut der Landwirtschaftskammer Rheinland, das sich die Züchtung und wirtschaftliche Nutzbarmachung von Damwild zum Ziel gesetzt hatte.

Ein Wildgehege wäre für die erhofften Besucher sicher ein Anreiz, und finanziell würde sich so etwas durch Verkauf von Jungtieren und Wildfleisch sicher auch tragen. Eine Fütterung wäre jedenfalls nicht notwendig, da die nach den Gebäuden verbleibenden neun Hektar Grasland zur Äsung genügen würden. Allenfalls in strengen Wintern wäre wohl etwas zuzufüttern, aber wann gab es am Niederrhein schon einmal strenge Winter?

Die Landwirtschaftskammer Rheinland fand sich bereit, das Projekt fachlich zu betreuen und alle notwendigen Genehmigungen zu erteilen, beziehungsweise bei deren Beantragungen behilflich zu sein. So wurden wir in Deutschland zum dritten Betrieb, der sich mit kommerzieller Damwildzucht beschäftigte.

Es war die Zeit, in der ich dann auch meine Jägerprüfung ablegte. Nicht um schießwütig durchs Land zu ziehen, aber ich erwarb auf diesem Weg eine Menge Kenntnisse über Natur und Tiere, die in diesem Anwesen von Vorteil waren. Auch in diesem Bereich konnte ich mitreden.

Selbstverständlich musste ich mich auch in die Technik der intensiven Graslandbewirtschaftung einarbeiten. Aufgaben hatte ich also genug, und genau das hat mich immer fasziniert. Eingefahrene Geleise, auf denen man einfach so weiterfuhr wie bisher, haben mich immer gelangweilt.

Offen sein für das Neue und Unbekannte macht das Leben erst so richtig lebendig. Schau'n wir mal, dann seh'n wir's schon!

Bei wachsendem Tierbestand konnte ich dann einen Wildmeister einstellen, der in seinem Nebenberuf der Jagdaufseher eines benachbarten Reviers war, also einen gewissen Sachverstand schon mitbrachte.

Genau diesen brauchte er auch, denn ich konnte es nicht lassen, immer weitere interessante Tiere einzukaufen, die in unser Umfeld passten. Südamerikanische Nandus, Pfauen, seltene Fasane und Wassergeflügel, das den das Gebäude umgebenden Wassergraben bevölkerte, rundeten das Bild unseres kleinen Paradieses ab.

Der Star aber war Sally, ein kleines Minipony, das uns eines Morgens mit einem kleinen, in der Nacht geborenen Sohn begrüßte. Nicht größer als ein mittelgroßer Hund, aber durchaus schon ein Pferd, das mühelos zwischen den Beinen eines Menschen hindurch galoppieren konnte.

Diesen jungen Pferdemann tauften wir auf den Namen Goliath, und Goliath wurde sehr schnell zum Liebling der Besucher und vor allem der Kinder. Dies war ganz in unserem Sinne, die Eltern hatten Zeit und Muße sich mit unseren angebotenen Kunstwerken zu beschäftigen, und die Kinder waren glücklich und ebenfalls beschäftigt.

Da ich auch die sechs ohnehin vorhandenen Pferdeboxen nutzen wollte, kaufte ich einige zweijährige Pferde, die ich dann als vierjährige, nachdem sie in einem nahegelegenen Gestüt zugeritten waren, wieder in die Auktion geben wollte. Dies sollte in der Regel einen kleinen Gewinn abwerfen – oder auch nicht. Das war nicht so entscheidend.

Mein ganz persönlicher Liebling aber war Sascha, ein schwarzer Doppelpony-Hengst mit ungeheurem Temperament, der ein schier unermüdlicher Läufer war und mit dem ich in einer kleinen, leichten Kutsche durchs Land fuhr. Wenn Sie etwas von Pferden verstehen, wissen Sie, dass ein Pferd, je temperamentvoller es ist, auch umso schreckhafter ist. Genau dies wurde mir eines Tages fast zum Verhängnis.

Ich befuhr mit Sascha einen kleinen und schnurgerade verlaufenden Waldweg, auf dem sich sonst niemand befand. Ich hielt die Zügel locker in der Hand und Sascha trabte friedlich vor sich hin. Plötzlich und unvermittelt warf er den Kopf so weit es ging hoch und scheute.

Durch diesen plötzlichen Ruck glitten mir die Zügel aus der Hand, die dann vom Kutschbock weg, in die Hinterbeine von Sascha fielen. Eine unentschuldbare Nachlässigkeit von mir, denn Zügel müssen immer am Kutschbock gesichert werden. Sascha verstand den Schlag der Zügel an seinen Hinterbeinen wohl als Aufforderung zur Tempoverschärfung und legte los, was das Zeug hielt.

Wie schon gesagt, der Weg verlief zwar schnurgerade, aber das Problem bestand darin, dass dieser Weg in ca. 2 km Entfernung eine viel befahrene Bundesstraße überquerte, um dann auf der anderen Seite ebenso schnurgerade weiterzuverlaufen. Auf diese Bundesstraße rasten wir nun zu, und Sascha würde – trotz Stoppschild – wohl keinen Moment daran denken, zu stoppen. Ich musste handeln!

Ich kletterte in voller Fahrt vom Kutschbock herunter und stieg, mich an Saschas Schwanz festhaltend, auf die Deichsel, um nach dem zwischen seinen Beinen schlagenden Zügel zu greifen. Wäre ich dabei ausgerutscht oder hätte ich sonst irgendwie das Gleichgewicht verloren, wäre ich von seinen Hufen getroffen und von der eigenen Kutsche überrollt worden.

Wie Sie unschwer erraten können, hat mein Schutzengel ganze Arbeit geleistet, oder es gäbe dieses Buch nicht. Ich brachte Pferd und Kutsche kurz vor der vielbefahrenen Bundesstraße zum Stillstand.

Danach ging bei mir für den Moment gar nichts mehr. Ich habe Sascha an einen Baum angebunden, habe nur noch gezittert, geweint und Gott auf Knien gedankt. Todesängste waren mir ja nicht ganz unbekannt, aber das hier war wieder etwas ganz anderes.

Dies sind Momente, die einen Menschen demütig machen. Danke für solche Momente, in denen wir so gnadenlos reduziert werden. Danke für solche Momente, in denen unser Größenwahn etwas gestutzt wird.

Aber gehen wir weiter, da war ja noch das Kunstgeschäft, um das es ja eigentlich ging, und dieses Geschäft zwang mich immer öfter zu mehrtägigen Abwesenheiten, in denen ich mich auf den großen Kunstsalons nach interessanten Künstlern umsah.

So auch in Paris, das mit der Zeit zu einer wahren Fundgrube für mich wurde. Ich habe dort viele interessante Künstler kennengelernt, deren Werke wir dann in unserer Galerie ausstellten und in der Regel auch dauerhaft in Deutschland vertraten.

Solche Abwesenheiten meinerseits waren kein Problem. Alles außerhalb des Hauses wurde von meinem Wildmeister erledigt, der mit der Zeit noch einen Gehilfen dazubekam, und innerhalb des Hauses regierte meine damalige Frau, die zu ihrer Unterstützung natürlich noch eine Hausgehilfin hatte.

Meine Frau erledigte alles, was mit Büro zu tun hatte, Termine, Finanzen, Verträge, Steuern, Telefon, Schriftverkehr usw., und betreute auch die Besucher während meiner Abwesenheit.

Besucher waren immer häufiger im Hause. Auch einige große Firmen nutzen die außerhalb der Öffnungszeiten völlig abgeschlossene Anlage zu Konferenzen fernab einer neugierigen Öffentlichkeit. Wenn dann solche Firmen repräsentative Geschenke für ihre Geschäftspartner suchten, waren wir mit unserer Galerie natürlich auch wieder mit im Geschäft.

So ging einmal eine komplette Serie von Max Ernst, die „Suite de Festin" in den Iran. Was die damit angefangen haben, kann ich mir bis heute nicht so recht vorstellen. Repräsentativ war es jedenfalls.

Das Galeriegeschäft baute ich dann noch zu einem speziellen Leasing-System für gewerbliche Kunden aus, was z.B. von Arztpraxen und kleineren Firmen aller Art genutzt wurde. Ausgewähltes Bildmaterial zierte zum Beispiel für einen festen Betrag die Räume des Leasingnehmers und wurde nach einem Jahr wieder gegen neue Objekte ausgetauscht.

Das war für unsere Galerie jedenfalls besser, als das Bildmaterial in einem Lagerraum verschwinden zu lassen. Die Werke des Künstlers wurde gesehen und dadurch bekannt, der Leasingnehmer repräsentierte, und die Galerie machte einen bescheidenen Gewinn, an dem natürlich auch wiederum der Künstler beteiligt war.

Ein Geschäft ist immer nur dann ein positives Geschäft, wenn alle Beteiligten zufrieden sind.

Mit der Zeit eröffneten wir dann noch eine Zweigstelle in der Berliner Allee in Düsseldorf, wo wir eine Schaufensterfläche von ungefähr fünfzehn Metern zur Verfügung hatten. Diese Zweigstelle war als Bagger für unser Wasserschloss gedacht, wenn ich das einmal so uncharmant ausdrücken darf. Hier konnten uns Menschen während der normalen Geschäftszeiten kennenlernen, die dann am Wochenende zu uns aufs Land kamen.

Das Galeriegeschäft machte mir wirklich Freude. Wenn Sie einmal Menschen wirklich kennenlernen wollen, eröffnen Sie eine Kunstgalerie, und öffnen Sie dann vor allem Ihre Ohren.

Es gibt sicher nirgendwo mehr Eitles oder, wenn Sie wollen, auch dümmliches Geschwätz als bei der Kommentierung eines Bildes oder einer Skulptur während einer Ausstellungseröffnung.

Aber in diesem Bereich habe ich auch durchaus positive Erfahrungen machen können.

Eines Sonntags erschien ein zunächst sehr unscheinbar wirkender Herr in der Galerie im Wasserschloss und erklärte mir freimütig, dass er von Kunst so gut wie gar nichts verstehe, es sich aber aufgrund seiner gesellschaftlichen Stellung nicht mehr leisten könne, in seiner neuen Villa nur billige Drucke an der Wand hängen zu haben. Ob ich ihm helfen könne, da etwas Richtigeres zu finden? Natürlich konnte ich!

Ich habe ihm vorgeschlagen, dass ich mir zunächst einmal die Räume der Villa anschaue und dann mit einer entsprechenden Bildauswahl zu ihm komme. Ich habe ca. 40 Objekte in unseren VW-Transporter gepackt, um bei ihm eine sogenannte Hängeprobe durchzuführen. Wenn ihm ein Objekt gefiel, sollte es dort zunächst für zwei Wochen hängen bleiben, damit er sich daran gewöhnen konnte – oder auch nicht. Im letzteren Fall hätte ich es dann wieder ausgetauscht oder zurückgenommen.

Auf diese Weise blieben zunächst zwölf Bilder und zwei Skulpturen in seinem Haus, und schon nach wenigen Tagen rief er an, um mir mitzuteilen, dass er alles genau so behalten möchte, denn es wäre bei seinen Freunden großartig angekommen. Aber er hatte noch eine Bitte:

Ich sollte ihm zu jedem Objekt einen Spickzettel schreiben, auf dem das stand, was er nun als stolzer Besitzer dazu zu kommentieren hatte. Alles über die Kunstrichtung, den Künstler, Besonderheiten des Objekts, wie Perspektive, Farbgebung, Lichteinfall usw.

Das war jedenfalls ehrlich, und so konnte er einiges über seine Erwerbungen sagen, und niemand zweifelte an seinem Kunstverstand. Es war der größte Einzelauftrag, den ich je in der Galerie verzeichnen konnte.

Alles schien also in bester Ordnung und ging seinen Lauf, bis dann eines Tages absolut gar nichts mehr ging, und das muss ich Ihnen nun sicher genauer erklären.

Innerhalb weniger Stunden platzte ein System von Geldverschiebungen, das meine damalige Ehefrau ohne mein geringstes Wissen praktiziert hatte. Auch der Steuerberater, der gleichzeitig die Buchhaltung machte und der Vertraute eines der Gesellschafter war, hatte die Trixereien meiner Frau nicht bemerkt, und ich, der verantwortliche Geschäftsführer, hatte wohl zu wenig kontrolliert.

Zahlen waren mir in meinem Leben immer ein Graus. Daran hat sich bis heute nichts geändert. Irgendwie mögen wir uns nicht.

Aber wem sollte ich vertrauen, wenn nicht meiner eigenen Ehefrau? Wir saßen doch im gleichen Boot, hatten eine kleine Tochter, die ich sehr liebte, und waren dabei, uns etwas Wunderbares aufzubauen.

Meine damalige Frau hatte schlichtweg Fremdgelder und eigene Gelder vermengt. Es war immer genügend Geld da. Unser Konto sank selten einmal unter ein Haben von fünfzig bis sechzigtausend DM. Bei der Bank galten wir als äußerst zuverlässig. Aber es war leider nicht immer unser eigenes Geld, obwohl meine Frau auch unseren eigenen Finanzbedarf großzügig daraus deckte. Es waren z.B. Anteile der Künstler aus verkauften Objekten, es waren Werbegelder, die bei uns lediglich durchflossen, es waren Gelder aus Tier-Verkäufen usw., die den positiven Gesamtstand ausmachten.

Durch die Reklamation eines Verlages, bezüglich einer unbezahlten Rechnung bei unserem Werbekunden, flog dann die ganze

Mauschelei auf. Der Kunde hatte natürlich längst an uns bezahlt, wir hatten es nur nicht fristgerecht weitergeleitet. Meine Frau hatte wohl gerade wieder einmal einen Engpass in ihrem System, das naturgemäß immer enger wurde.

Der Konkurs war unausweichlich, das mühsam aufgebaute Image zerstört, mein Ruf als untadeliger Geschäftsmann ruiniert und die Dimension inzwischen so groß, dass ich sie privat, trotz des auf meinen Namen lautenden Mietvertrages, nicht mehr auffangen konnte.

Hätte ich früher von den Trixereien Kenntnis gehabt, wäre sicher einiges reparabel gewesen. Es war mein Fehler, es war meine Abneigung gegen Buchhaltung, es war meine Bequemlichkeit, die es so weit hatte kommen lassen.

Ein Konkursverwalter wurde vom Gericht bestellt und wir mussten ausziehen: „Der Auszug aus dem Paradies".

Mit unserem letzten Geld kaufte ich ein Wohnmobil, in das wir unsere kleine Tochter und die verbliebene Habe packten und nach Irland aufbrachen, um dort einen Neuanfang zu wagen. In Deutschland war ich erledigt.

Auf Irland kamen wir durch einen Freund, der dort ein größeres Anwesen hatte und uns anbot, dort erst einmal für eine Weile zu bleiben und uns nach neuen Möglichkeiten umzusehen. Aber darüber berichte ich Ihnen im nächsten Kapitel.

> **Ziehen wir auch hier wieder eine kurze Bilanz:**
>
> *Entscheidende Hilfestellung durch Freude, vornehmlich Siegfried, ähnlich dem vorherigen Agentur-Aufbau*
>
> *Mut zu neuen Konzepten und Geschäftsideen.*
>
> *Es gibt nichts, was man nicht erlernen kann.*
>
> *Herr über zweihundert Stück Damwild, acht Pferde und exotisches Geflügel aller Art.*
>
> *Die verlockende, aber in die falsche Richtung führende Rolle als Landlord.*
>
> *Der Schutzengel, der mich unbeschadet die Zügel aus Saschas Hinterbeinen fischen ließ. Demut statt Größenwahn.*
>
> *Unterwegs in Künstlerateliers in Paris und London.*
>
> *Die Abneigung gegen Buchhaltung, Zahlen und Quittungen, die zu mangelnder Kontrolle führte.*
>
> *Die Zweigstelle in Düsseldorf als ausufernder Gigantismus.*
>
> *Das Ende mit Schrecken. Der Auszug aus dem Paradies.*

Was hatte nun das Ganze mit meiner Lebens-Lernaufgabe zu tun? Sie erinnern sich an meine Startposition und Sie erinnern sich auch daran, dass ich gesagt habe, dass sich die Lebens-Lernaufgabe, zu der wir dieser Erde einen Besuch abstatten, in der Regel im Gegenpol der Startposition erkennen lässt.

Aber ging nun das, was sich in diesem Wasserschloss abspielte, wirklich in die Gegenrichtung meiner Startposition? Was hatte das mit Büchern, mit Psychologie, mit Liebe leben, mit Liebe geben und nehmen zu tun? Natürlich nur wenig. Es war ein einziger Ego-Tripp.

Das einzig Bemerkenswerte war der Wechsel von der materiellen Armut und Enge, in der ich aufgewachsen war, zu materiellem Wohlstand im Wasserschloss. Aber um Materie ging es ja wohl nicht in erster Linie.

> Wirklicher Wohlstand
> ist erst dann erreicht,
> wenn alle Dinge zum Wohle stehen.

Auf der geistigen Ebene entwickelte ich mich immer mehr zum Humus statt zur Humanität.

Eine solche Entwicklung ging in die total falsche Richtung und musste abgebrochen werden, so schmerzhaft es auch war.

Heute bin ich meiner geistigen Führung dafür sehr dankbar. Damals war ich es verständlicherweise nicht. Damals hätte ich die Frau, die mich da hineingeritten hatte, umbringen können (natürlich nur sprichwörtlich). Heute weiß ich, dass sie nur ein Instrument meiner geistigen Führung war.

Nun werden Sie verstehen, wenn ich anfangs gesagt habe, dass es die schmerzhaftesten Erfahrungen waren, die mich am weitesten gebracht haben.

In Ihrem Leben wird das nicht viel anders sein, auch wenn Sie gerade darauf herzlich gerne verzichten würden.

5
Die irische Zeit

Nach einer sehr stürmischen Überfahrt mit der Autofähre von Le Havre nach Rosslare in Irland betrat ich mit meiner Frau und unserer damals dreijährigen Tochter am 29. Dezember 1979 erstmals irischen Boden.

Es dauerte allerdings eine ganze Weile, bis wir das Gefühl hatten, tatsächlich auf festem Boden zu stehen. Irgendwie hatte unser Gehirn das dauernde Schlingern und das stetige Auf und Ab des Schiffes gespeichert. Es bewegte sich immer noch alles unter uns, ein seltsames Gefühl, wie wenn man über eine leicht aufgeblasene Luftmatratze geht. Vielleicht haben Sie das ja auch schon einmal erlebt.

Rosslare lag an der Ostküste, also der England zugewandten Seite der Insel, und das Quartier, das unser Freund uns so großzügig zur Verfügung gestellt hatte, lag an der Süd-Westküste im County Cork.

Also machten wir uns mit unserem Wohnmobil auf den Weg durch den ungewohnten irischen Linksverkehr zur anderen Seite der Insel. Es war gar nicht so einfach, plötzlich auf der linken Straßenseite zu fahren. Es verlangte die volle Konzentration, besonders an Abzweigungen und vor allem in einem Kreisverkehr.

Wir waren kurz vor Bantry, einem der Hauptorte an der Westküste, als ein Mann, mit beiden Armen heftig winkend, in der Mitte der Fahrbahn stand und uns bedeutete anzuhalten. Neugierig ließ ich das Fenster auf der Fahrerseite herunter, was natürlich Nonsens war, denn der Mann versuchte uns von der Fahrbahnmitte her etwas klarzumachen, und im Linksverkehr lag die Fahrbahnmitte eines deutschen Fahrzeugs nun einmal auf der Beifahrerseite.

Also unterhielt er sich mehrheitlich mit meiner Frau von der Fahrbahnmitte her, was mir mehr als recht war, denn ein zunächst nicht identifizierbarer heftiger Redeschwall ergoss sich über uns. Auf Englisch waren wir ja gefasst und auch einigermaßen trainiert, aber welche Sprache sollte das nun sein?

Es muss ungefähr so gewesen sein, wie wenn jemand an einem ausländischen Goethe-Institut Deutsch erlernt hat und nun einem bayerischen Gebirgsbauern begegnet. Mit seinem erlernten Deutsch wird er da wohl kaum etwas verstehen können. Wir müssen ziemlich dumm aus der Wäsche geschaut haben und unser Freund versuchte seinen Redeschwall umso heftiger mit Händen und Füßen zu untermalen.

Er schnaubte wie ein Pferd, deutete auch ein laufendes Pferd an und erklärte uns immer wieder: Road closed. Wenn man diese zwei Wörter jetzt hier so liest, scheint es doch kein größeres Problem zu sein, das zu verstehen, aber ich kann Ihnen Road closed, nach einigen Jahren Irland, nunmehr in einer Weise aussprechen, dass Sie es garantiert nicht verstehen.

Es erinnert dann mehr an ein kurzes Hundegebell. Ein entlaufenes Pferd, war aufgrund seiner Gestik unser erster Gedanke, aber für ein Pferd eine ganze Straße sperren? Aber unser Freund ließ nicht locker: Road closed! Road closed! Und dann kam „Horse Race!"„Horse Race!"

Natürlich verstanden wir inzwischen etwas besser, aber ein Pferderennen auf einer der Haupt-Verbindungsstraßen, die wir wohl in Deutschland mit einer Bundesstraße gleichsetzen würden? Konnten wir das wirklich richtig verstanden haben?

Wir wussten zu dieser Zeit noch nicht, dass es in Irland durchaus Tradition war, solche Rennen zwischen Weihnachten und Neujahr auf der Straße abzuhalten. Aber wie lange würde so ein Rennen dauern? Was sollten wir machen?

Unser gestikulierender Freund war äußerst hilfsbereit und malte uns auf einem Stück Papier einen Umweg um den Ort des Geschehens herum auf, den wir unbedingt nehmen sollten. Wir sahen, dass hinter uns ankommende Fahrzeuge diesen Weg bereits nahmen und machten uns nichtsahnend auf diesen Weg.

Es war mehr oder weniger ein Feldweg, gerade so breit, dass unser Wohnmobil darauf passte, aber das genügte ja. Da wir nur sehr langsam fahren konnten, bildete sich hinter uns allmählich eine Schlange. Auf einem kleinen Hügel, den wir überquerten, konnten wir tatsächlich sehen, dass dieser kleine Weg wie von einem Zirkel gezogen um den Ort des Pferderennens herumführte. Perfekt eigentlich, aber wir konnten auch noch etwas anderes sehen und das, was wir da sahen, schien uns keineswegs perfekt.

Von der anderen Seite des Ortes näherte sich uns eine gleiche Autoschlange. Ein Kollege unseres hilfreichen Freundes musste wohl auf der anderen Seite des Ortes die gleiche Empfehlung ausgesprochen haben und so fuhren die beiden Autoschlagen aufeinander zu, ohne jemals ausweichen oder aneinander vorbeifahren zu können, so schien es uns jedenfalls.

Zumindest kam an unserem Wohnmobil kein anderes Fahrzeug vorbei. Wie Sie sicher wissen, sind die Feldwege in Irland rechts und links von lose gelegten Steinmauern eingegrenzt. Einfach mal in die Wiese fahren – unmöglich!

So trafen sich die beiden Autoschlangen also irgendwo in der Mitte, etwas davor oder auch etwas dahinter, und keiner wusste so recht, wie man dieses Problem nun würde lösen können. Nun, wir waren in der besseren Position, wir hätten zur Not auch übernachten können, wir hatten keine Eile. Wir hatten unser Haus ja dabei.

Meine Frau begann Tee zu kochen und bot den vor und hinter uns Stehenden ein Tässchen davon an, was auch gerne angenommen wurde, obwohl ihnen – wie ich heute weiß – etwas Handfesteres sicher lieber gewesen wäre.

Unser fahrbares Haus wurde dabei von allen Seiten inspiziert und bewundert, und dass es darin sogar so etwas wie eine Dusche gab, war zur damaligen Zeit noch eine Sensation. So etwas hatten viele auf dem Land lebenden Iren nicht einmal zu Hause in ihrem Cottage.

Es war unsere erste Bekanntschaft mit einem Menschenschlag, der ganz anders tickte, als wir es gewohnt waren. Ich weiß bis heute nicht, wie es möglich war, dass wir plötzlich weiterfahren konnten. Irgendwie hatten sie das Problem gelöst, wie sie alle Probleme in Irland irgendwie lösten. Man brauchte halt nur etwas Zeit, und Zeit hatte der liebe Gott dieser Insel reichlich beschert. Etwas, an das wir uns erst noch gewöhnen mussten.

Verabredete man sich mit jemandem zu einer bestimmten Zeit, war es völlig normal, zumindest eine halbe Stunde später hinzugehen, da auch der andere keinesfalls damit rechnete, das man pünktlich war. So wurden wir jedenfalls zunächst einmal gründlich entschleunigt, was ja nicht unbedingt verkehrt war.

Nachdem wir uns einige Wochen im Anwesen unseres Freundes eingelebt hatten, stellte sich natürlich die Frage des Geldverdienens, denn von irgendetwas mussten wir ja in Zukunft leben und unsere bescheidene Reserve schmolz so langsam dahin. Wie von selbst eröffnete sich zum Thema Geldverdienen eine interessante Möglichkeit.

Einige unserer alten Bekannten baten darum, uns doch einmal in unserer Gegend umzuschauen, ob nicht irgendwo ein kleines Häuschen angeboten würde, dass sie eventuell als Ferienhaus kaufen könnten. Sie hätten gehört, dass Irland noch über eine wunderbare und unbelastete Natur verfüge, es dort noch relativ gemütlich zuginge und Immobilien immer noch sehr günstig zu erwerben wären. Mit dieser Einschätzung hatten sie natürlich völlig recht.

Also tat ich ihnen den Gefallen, fuhr durchs Land, fotografierte angebotene Objekte und schickte die Unterlagen nach Deutschland. Bei dieser Tätigkeit lernte ich natürlich auch einige Makler kennen, mit denen ich vereinbarte, dass sie mir zumindest meine Kosten erstatteten, wenn sie durch mich ein Objekt verkaufen würden.

Dies lief dann auch nach einer gewissen Zeit recht vielversprechend an. Aber es waren halt immer nur Objekte, die irische Makler an der Hand hatten, und mein Anteil daran war nichts anderes als ein bescheidenes Zubrot. Leben konnte man davon nicht!

Auf eigene Rechnung tätig werden ging leider nicht, denn dazu hätte es einer speziellen Lizenz bedurft. In Irland wird das Maklergeschäft von einem Auctioneer and Estate-Agent wahrgenommen, der ausschließlich im Interesse des Verkäufers handelt. Manch ausländischer Käufer hat in Unkenntnis dieser einseitigen Interessenvertretung sehr teure Erfahrungen machen müssen.

Hier hätte ich durch inzwischen erworbene Kenntnis über Land, Leute und Gesetz wirklich helfen können, aber dazu brauchte ich ja diese nur sehr schwer zu erwerbende Lizenz. Diese Lizenz wurde in einer öffentlichen Gerichtsverhandlung vergeben und musste jedes Jahr in einer erneuten Verhandlung bestätigt werden.

Wenn in einer solchen Verhandlung jemand etwas Substanzielles gegen einen Auctioneer vorzubringen hatte, wurde diesem die Lizenz wieder entzogen. Zusätzlich bedurfte es bei der Vergabe noch zweier unbescholtener irischer Bürgen und diverser Versicherungen.

Dies ist erklärbar dadurch, dass ein irischer Auctioneer Befugnisse hatte, die weit über die Tätigkeit eines Maklers in Deutschland hinausgingen. Die Wertermittlung eines Objekts durch einen Auctioneer z.B. war für eine finanzierende Bank eine entscheidende Unterlage. Aber nun will ich Sie, verehrte Leser, nicht mit weiteren Details über das Auctioneers-Business in Irland langweilen.

Mit Hilfe neuer irischen Freunde, einem der regionalen Auctioneer und einem Solicitor (Rechtsanwalt und Notar), die beide für mich bürgten und dabei wohl auch die Hoffnung auf ein internationales Geschäft im Auge hatten, bekam ich wohl als bis dahin erster deutscher Staatsbürger eine irische Auctioneers-Lizenz und konnte endlich auf eigene Rechnung handeln.

Ich inserierte interessante Objekte in Deutschland, Holland und der Schweiz, und mit der Zeit sprach es sich in Irland herum, dass sich durch meine internationale Ausrichtung, vor allem bei großen Objekten, die besseren Verkaufschancen boten. So verkaufte ich eine ganze Insel, auf der dann eine komplette Ferienanlage erbaut wurde, verkaufte große Anwesen, wie alte englische Landsitze, und war rundherum gut im Geschäft.

Nun war es üblich, dass ein Anwesen, das verkauft wurde, am Tage der Auktion vollkommen leergeräumt werden musste, falls es nicht ausdrücklich mit allen beweglichen Gütern verkauft wurde. Dabei musste jeder einzelne Gegenstand, ob Möbelstück, Kerzenleuchter oder sonst etwas, vor das Haus getragen werden und wurde dann dort an die wartende Meute der Schnäppchenjäger meistbietend versteigert.

Ob Regen oder Sturm, dies musste auf jeden Fall vor dem Haus geschehen und war ausschließlich Aufgabe des Auctioneers. Wenn also ein Objekt durch mich verkauft wurde, war es auch meine Aufgabe, den Rest zu versteigern.

Es war eine der witzigsten Tätigkeiten in meinem Leben, z.B. ein altes, heruntergekommenes Möbelstück lautstark und mit vollem Einsatz so anzupreisen, dass am Ende doch noch jemand bereit war, ein paar Punt (damals die irische Währung) dafür zu zahlen.

So freundlich die Iren auch sonst waren, so beharrlich konnten sie schweigen, wenn es darum ging, ein erstes Gebot abzugeben. Sie ließen mich meist eine ganze Weile ins Leere rennen, und beim German-Auctioneer, wie sie mich inzwischen nannten, schien ihnen dies besonders viel Spaß zu bereiten.

Mit meiner Familie wohnte ich inzwischen in einem eigenen alten englischen Herrensitz mit 28.000 qm Land rundherum und einer wunderbaren Sicht auf den nahen Atlantik, den die Bank of Ireland großzügig finanziert hatte. Schließlich war ich jemand, der auch ihnen Geschäfte brachte.

Im Prinzip ging wieder das gleiche Spielchen los, das ich in der Galerie im Wasserschloss gespielt hatte, und es endete im Prinzip auch in der gleichen Weise. Ich hatte wohl nichts gelernt. Aber dazu später – haben Sie etwas Geduld.

Natürlich braucht man, wenn man so direkt am Atlantik lebt, ein entsprechendes Schiff, wenn man die herrliche Inselwelt vor der Küste genießen will. Zumindest glaubte ich, ein solches Schiff zu brauchen und mir das sogar irgendwie schuldig zu sein. Oh Ego, wie hinterhältig kannst du manchmal zuschlagen!

Mit Hilfe eines deutschen Kapitäns, der das höchstmögliche Patent zur christlichen Seefahrt besaß und dem ich ein kleines Haus an der Küste verkauft hatte, fand ich im Hafen von Baltimore (Namensgeber des amerikanischen Baltimore) ein Schiff, das diesen Ansprüchen mehr als genügte. Ja, eigentlich war es viel zu groß, aber mein Gigantismus aus dem Wasserschloß schlug wieder zu.

Es war eine 25m lange, zweimotorige Hochseeyacht aus massivem Eichenholz, die einmal auf der englischen Ille of Light gebaut worden war, natürlich mit Kombüse, Gäste- und Eignerkabine usw. Auch elektronisch war das Schiff voll ausgerüstet mit einer kompletten Seefunkeinrichtung, Radaranlage, allen seemännischen Hilfsmitteln zur Navigation usw.

In einem nahegelegenen Naturhafen, der vorwiegend von Berufsfischern genutzt wurde, fand ich auch einen entsprechenden Liegeplatz, eine sogenannte Mooring, die ich mit fachkundiger Hilfe der örtlichen Fischer einrichtete, was mich natürlich eine Menge Guinness im Pub kostete. Guinness schien überhaupt so etwas wie eine zweite Währung zu sein, und auch in meinen geschäftlichen Aktivitäten kam ich um die irischen Pubs nicht ganz herum.

Nur sehr selten wurde ein Geschäft in meinem Büro abgeschlossen. Man verabredete sich dazu in einem Pub, und wäre ich sehr lange in diesem Land geblieben, hätte sich meine Leber mit der Zeit sicher schleichend verabschiedet. Es ist schon erstaunlich, was ein solches Organ alles überstehen kann.

Die Pubs waren wiederum eine wichtige Informationsquelle für mich. Über die Pubs konnte ich zum Beispiel die entsprechenden Leute finden, wenn ich in einem verkauften Objekt Umbauten oder Renovierungen vornehmen musste.

So suchte ich einmal zehn Arbeiter in einem Ort in der Bantry-Bay, die in einem sehr großen Waldgrundstück, das ich samt einem sehr schönen Haus einem Lichtensteiner Großindustriellen verkauft hatte, neue Wege zum Wasser anlegen sollten. Mein Klient hatte dort Fischottern entdeckt und wollte unbeschwert zu dieser Stelle gelangen können. Also wurde der Wirt des örtlichen Pubs von mir entsprechend instruiert.

Am vereinbarten Morgen des Arbeitsbeginns standen dann ca. zwanzig arbeitswillige Männer im Grundstück und mein Vormann, den ich für diese Arbeit ausgesucht hatte, musste nun die Auswahl treffen. Zehn hatten einen Job und zehn hatten leider keinen Job.

Aber ich habe Sie nicht einfach wieder nach Hause geschickt. Ich habe jedem zehn irische Punt in die Hand gedrückt und ihnen im Auftrag meines Klienten für ihr Interesse und für Ihre Hilfsbereitschaft bedankt.

So etwas hatten sie wohl noch nie erlebt und die unerwarteten zehn Punt wurden dann umgehend wieder im Pub umgesetzt. So waren alle Beteiligten zufrieden und mein Klient war den Leuten schon sympathisch, bevor er dort überhaupt je gesehen wurde.

Geld war für meinen Klienten kein größeres Problem. Wenn immer ich etwas brauchte, genügte ein Anruf in seinem Sekretariat und der angeforderte Betrag wurde umgehend über seine Niederlassung Dublin auf mein Konto angewiesen. Auf diesem Weg kaufte ich sogar ein Auto für ihn, damit ihm bei seinen Besuchen ein eigenes Fahrzeug in Irland zur Verfügung stand.

Von unserem Wohnhaus aus konnte ich mein schönes Schiff leider nicht sehen, und so zögerte ich keinen Moment, als mir ein Haus mit 28000qm Land, direkt über dem Hafen zum Verkauf angeboten wurde. Ich schlug dem Verkäufer vor, dass ich unverzüglich selbst in dieses Haus einziehen würde und dafür meinen bisherigen Wohnsitz zum Verkauf anbot. Beim Verkauf meines bisherigen Wohnsitzes sollte er dann den geforderten Preis für sein Haus bekommen.

Das klingt zunächst etwas verwunderlich, aber es ist im feuchten Seeklima der Küste allemal besser, wenn ein Haus bewohnt wird, statt dass es leer steht. Zudem wurde alles mit einem Solicitor vertraglich festgehalten.

Nun konnte ich endlich mein Schiff quasi vor der Haustüre liegen sehen, aber was ich vorher nicht geahnt hatte, mit der Zeit wurde es zum „beschissensten" Schiff Irlands, und diesen Ausdruck wähle ich hier einmal ganz bewusst, denn es waren die Hinterlassenschaften der Möven, die mich zur Verzweiflung brachten.

Wie ich schon erwähnt habe, wurde dieser Naturhafen nur von einigen Berufsfischerbooten genutzt. Diese waren tagsüber natürlich auf See, kamen bei einbrechender Dämmerung mit ihrem Fang zurück und entluden ihn an der Pier, wo sie bereits von den Fisch-Aufkäufern erwartet wurden.

Ungefähr eine Stunde vor Rückkehr der Fischerbote versammelten sich die ersten Möven im Hafen. Sie schienen über so etwas wie eine innere Uhr zu verfügen. Natürlich in der Erwartung, einen fetten Happen aus diesen Fängen zu erwischen, denn so manch Unbrauchbares wurde wieder zurück ins Wasser geworfen oder es rutschte etwas aus den Kisten.

Und wo versammelte sich diese hungrige Gesellschaft? Natürlich auf meinem Schiff, denn es war ja das einzige, was zu dieser Zeit im Hafen lag. Wenn sich die Zeit der Rückkehr der Fischer näherte, zierten ungefähr fünfzig gefiederte Besucher mein Schiff und hinterließen natürlich reichlich...

Ich habe wirklich versucht, mit allen Mitteln diese Plage loszuwerden, aber wenn ich etwas gefunden hatte, das endlich zu wirken schien, hatten sich die Möven nach ein paar Tagen auch daran gewöhnt und das gleiche Spiel ging von vorne los. Obwohl ich, wie Sie aus meiner Zeit im Wasserschloss wissen, ein sehr tierlieber Mensch bin, konnte ich mit diesen gefiederten Kreaturen keine wirkliche Freundschaft schließen.

Wenn immer ich eine Fahrt mit meinem Schiff plante, lag mindestens eine volle Stunde Reinigungszeit vor mir, und die Fahrten mit meinem Schiff wurden immer häufiger, denn auch hierzu hatte ich eine Geschäftsidee. Ich bot Fahrten zum Hochseefischen oder Ausflugsfahrten zu den näheren Inseln an, die von ausländischen Besuchern gerne genutzt wurden. Hatte ich selbst keine Zeit, übernahmen zwei erfahrene einheimische Freunde diese Fahrten.

Auf jeder Seite der Reeling konnten vier bis fünf Leute ihre Angeln auswerfen, und dafür, dass sie dann auch tatsächlich etwas fingen, sorgte mein Fisch-Sounder. Dies ist ein Ultraschallgerät, das den direkt unter dem Boot liegenden Meeresgrund abscannt und dabei die Fische sichtbar macht. So konnte ich ziemlich genau sagen, in welcher Tiefe sich welcher Fisch befindet und auch welcher Köder somit erfolgversprechend war.

Auch den Berufsfischern konnte ich über Funk so manchen Tipp geben, wenn ich zum Beispiel eine Makrelenschule, so nennt man einen Makrelenschwarm, entdeckt hatte und ihnen sagen konnte, in welche Richtung er sich bewegte, damit sie ihn abfischen konnten. So wusch auch hier wieder eine Hand die andere.

Die schönsten Fahrten waren für mich jene Fahrten, bei denen ich noch vor Sonnenaufgang ganz alleine aufs offene Meer hinausfuhr, die Motoren abstellte und in wunderbarer Stille und Einsamkeit den Sonnenaufgang beobachteten konnte. Wer sich bei solchen Gelegenheiten nicht völlig eins mit der göttlichen Schöpfung fühlt, dem entgeht eine wichtige Seite des Seins.

Noch spirituellere Momente kann ich mir nicht vorstellen: eins sein mit allem, unbegrenzt im geistigen Sein und gleichzeitig begrenzt in einem vergänglichen Körper. Unendlich wichtig und erhaben und gleichzeitig unendlich unwichtig und bedeutungslos.

An einem solchen Morgen bekam ich unerwarteten Besuch. Dieser Besuch kündigte sich durch lautes Schnauben an, mit dem ein sich nähernder Wal seine Wasserfontänen ausstieß. Offensichtlich neugierig und in völlig friedlicher Absicht näherte er sich meinem Schiff bis auf wenige Meter. Es war eine Walmutter, die ihr Junges in regelmäßigen Abständen zum Luftholen an die Wasseroberfläche hob, so, als wenn sie es mir zeigen wollte. Es handelte sich um eine kleinere Walart von etwa 7-8 m Länge

Wir schauten uns eine ganze Weile an und waren uns so nahe wie zwei befreundete Menschen, die sich begegnen und sich liebevoll anschauen. Wir brauchten keine Sprache, um uns zu verstehen. Es war ein wunderbares und tiefgreifendes Erlebnis, völlig eins mit der Schöpfung und diesen Wesen zu sein.

Nun, wie alles fand auch diese Begegnung ein Ende. Die Walmutter entfernte sich mit der Zeit wieder, auf mich warteten die Aufgaben des Tages und ich fuhr wieder in den Hafen zurück.

Aber was konnte an diesem Tag jetzt noch wichtig sein? Solche Erlebnisse relativieren unsere täglichen Umtriebe, machen sie irgendwie unwichtig.

Berichten möchte ich Ihnen noch von zwei Dingen: meiner in Irland erworbenen Kunst des Bierbrauens und dem immer wiederkehrenden Erlebnis mit der öffentlichen Telefonzelle des Dorfes. Also in dieser Reihenfolge:

Das Brauen von eigenem Bier für den privaten Gebrauch war zur damaligen Zeit in Irland erlaubt. Ich weiß nicht, ob dies auch heute noch so ist. Alle dazu benötigten Zutaten konnte man im Supermarkt ganz legal erwerben. Die von mir geschätzte Variante war das schwarze Guinness-Bier. Wann immer jemand bei mir zu Besuch war, musste dieses selbstgebraute Bier natürlich reichlich verkostet werden.

Besonders bei deutschen Besuchern fand es reichlich Zuspruch. Vor allem durch seinen etwas höheren Alkoholgehalt zeigte es dann auch eine entsprechende Wirkung. Wenn man davon einen bayerischen Maßkrug voll getrunken hätte, hätte man den berühmten Test, über eine gerade Linie zu gehen, wohl nicht mehr bestehen können.

Aber nun zur Telefonzelle. Da es zu dieser Zeit noch keine Handys gab und viele Touristen natürlich abends einmal zuhause anrufen wollten, war die einzige öffentliche Telefonzelle im Ort natürlich heiß begehrt. Sie lag genau gegenüber dem Pub, und meist kamen die Touristen vorher in den Pub, um Papiergeld in Münzen zu wechseln. Aus dem Inneren des Pubs konnten wir dann das Geschehen um die Telefonzelle herum beobachten.

Zunächst wurde natürlich die schon reichlich vergilbte Anweisung für Auslandsgespräche studiert, woran sich meist mehrere Personen beteiligten. Schau du doch auch mal.., was heißt das denn genau? Danach erfolgte dann der erste mutige Münzeinwurf und die Geschichte nahm ihren Lauf.

Zunächst meldete sich der Operater in Bantry, dem Zentrum an der Küste. Diesem musste dann der Wunsch nach einem Ferngespräch nach Deutschland erklärt werden, worauf dieser weiter zum Operater nach Cork verband. Von Cork aus wurde dann zu Dublin International verbunden. Der Operator in Dublin International forderte dann den Teilnehmer in der Telefonzelle auf, einen bestimmten Mindestbetrag an Münzen einzuwerfen, bevor er dann die Auslandsverbindung anging.

Den geforderten Münzeinwurf konnte der Operator in Dublin genau mitzählen und sprach nach korrekter Eingabe die Aufforderung „hang on" aus, was im Englischen so viel wie „bleib dran" bedeutet.

Von den meisten Deutschen aber wurde „hang on" als Aufforderung verstanden, einzuhängen, worauf dann die eingeworfenen Münzen mit lautem Geräusch durchrasselten und verloren waren. Ratlose Gesichter und hilfesuchende Touristen im Pub waren dann das Ergebnis.

Natürlich wird es das heute alles so nicht mehr geben, aber in diesen kleinen Dingen spiegeln sich die Gründe, warum Irland damals in eine Krise geriet. Das, was das Land auf der einen Seite so liebenswert machte, stand auf der anderen Seite einem gesunden wirtschaftlichen Wachstum im Wege. Das Land war in seiner Entwicklung um Jahrzehnte zurück. Aber gehen wir weiter in meiner eigenen Geschichte.

Unsere kleine Tochter wurde natürlich in Irland eingeschult und sprach nach einiger Zeit besser das irisch-gefärbte Englisch als deutsch. Sie war ebenso vollkommen integriert, wie auch meine Frau und ich vollkommen integriert waren. Wir gehörten ganz selbstverständlich zum Dorf.

Wir hatten eine neue Heimat gefunden und beschlossen, die irische Staatsbürgerschaft zu beantragen, zumal uns noch ein kleiner Sohn geboren wurde, der ja schon von seinem Geburtsort her die irische Staatsbürgerschaft besaß. Er wurde im Bons Secours Hospital in Cork geboren.

Aber es kam alles ganz anders. Das, was sich hier erneut in meinem Leben abzeichnete, entsprach ganz offensichtlich nicht meinem Lebensplan und verlangte nach einer neuerlichen und wiederum sehr deutlichen Korrektur.

Gab es zum Anfang meiner irischen Zeit noch einen starken Trend Richtung Irland, so drehte sich dieser Trend mit der Zeit ins Gegenteil. Irland geriet in wirtschaftliche Schwierigkeiten und die Preise stiegen unaufhörlich. Natürlich stiegen auch die Immobilienpreise, und andere Länder wie Spanien oder Portugal wurden attraktiver, zumal sie auch noch so etwas wie eine Sonnengarantie aussprechen konnten, was im irischen Wetter eher ein Glücksfall war.

Die Immobilien-Interessenten wurden weniger und ich hatte dadurch mehr Zeit, anderen Interessen zu folgen und dabei so etwas wie ein zweites Standbein aufzubauen. Zusammen mit einem anderen Deutschen, der handwerklich wesentlich begabter war als ich, entwickelte ich ein Gerät zur Rücken- und Kreislauftherapie, das wir in Irland herstellen und dann weltweit vertreiben wollten.

Die irischen Entwicklungsbehörde (IDA) versprach großzügige Unterstützung und wollte bis zu achtzig Prozent der Kosten des anzuschaffenden Maschinenparks übernehmen.

Alles wurde bis ins Detail durchgeplant, unser Gerät wurde in USA und Europa patentiert, was zunächst einmal nichts als Kosten verursachte. Ich war verschiedentlich in Deutschland, um einen entsprechenden Prototyp herstellen zu lassen. In Irland konnte ich dazu keine Firma finden.

Eigentlich hätte es nun losgehen können, bis die IDA feststellte, dass es in unserer Küstenregion, die ja Ziel der Förderung war und in der die Arbeitsplätze hätten geschaffen werden sollen, leider keinen Starkstrom gab, mit dem die Maschinen hätten betrieben werden können. Das war wiederum sehr irisch.

Meine Frau beschloss eines Tages, ihre Familie in Hamburg wieder einmal zu besuchen, und verabschiedete sich für ca. drei Wochen. Es war außerhalb der Saison und kein größeres Problem für mich. Ich hatte ja Zeit und unsere Haushälterin Mary ließ mich schon nicht verkommen. Meine Frau übergab mir die Unterlagen, die sie geführt hatte. Auf der Bank waren nach ihren Angaben ca. fünfzehntausend Punt Guthaben, damals ca. 45.000 DM, sodass es kein Problem geben konnte.

Als ich aber nach einiger Zeit etwas Geld abheben wollte, schüttelte der Banker bedauernd den Kopf. Die fünfzehntausend Punt Guthaben stellten sich als fünfzehntausend Punt Überziehung heraus, immerhin ein nicht ganz so unwesentlicher Unterschied.

Ich glaube, dass es eigentlich keiner Telefonleitung nach Hamburg bedurft hätte, mein Zornesgebrüll hätte man dort sicher auch ohne Telefon hören können. Ich stand vor dem gleichen Scherbenhaufen, vor dem ich schon einmal stand. Ich hatte wieder den gleichen Fehler begangen. Ich hatte vertraut und nicht kontrolliert. Meine Frau hatte die gleichen Trixereien aus dem Wasserschloss wiederholt. Meine Aversion gegen Buchhaltung und Zahlen oder, sagen wir besser, meine diesbezügliche Faulheit hatte mich wieder einmal in Probleme geführt.

Nun steht es Ihnen, verehrte Leser frei, mich für einen Volltrottel zu halten, und damit liegen Sie natürlich nicht so ganz falsch. Aber geben Sie mir zumindest die Chance, Ihnen zu erklären, wie es dazu kam.

Ich kannte die Geschichte von einem Großindustriellen, der in seiner Privatmaschine, durch eine Nachlässigkeit seines Piloten, eine Notlandung auf einem Kartoffelacker hatte erleben müssen. Sie hatten unplanmäßig ein großes Schlechtwettergebiet umfliegen müssen und der dadurch knapp gewordene Treibstoff zwang sie zu einer Notlandung. Sie hatten großes Glück dabei und beide waren unverletzt geblieben.

Jeder, der von dieser Geschichte erfuhr, ging natürlich davon aus, dass er diesen Piloten doch umgehend rausgeschmissen habe. Aber er argumentierte wie folgt. Dieser Pilot sei wahrscheinlich der einzige, bei dem er einigermaßen sicher sein könne, dass ihm das Gleiche nicht noch einmal passieren würde. Er würde in Zukunft wohl immer genügend Sprit an Bord haben. Warum sollte er sich also gerade von dem trennen?

Wie finden Sie das? Weisheit oder Dummheit?

Hier treffen zwei Denkweisen aufeinander: „Wem's einmal passiert, dem passiert's sicher nie wieder", oder „wem's einmal passiert ist, dem passiert's immer wieder".

Ich habe mich von der ersten Version leiten lassen, was sicher auch daran lag, dass sie meiner Aversion gegen Zahlen, Buchhaltung, Quittungen und Rechnungen usw. sehr entgegenkam.

Der Mensch sucht sich offensichtlich immer das aus, was er glauben will. Zudem war ich der Überzeugung, dass jeder Mensch eine zweite Chance verdient hat. Wie edel das klingt! Die eigene Faulheit höchst verdienstvoll verpackt.

Nun, irgendwie musste es trotzdem weitergehen und ich überlegte, was ich wohl aus unserem Eigentum verkaufen könnte, das Schiff vielleicht? Am Abend ging ich in den örtlichen Shop, in dem es von Gummistiefeln über Bootslack bis zu Kosmetikprodukten, Lebensmitteln und Baumaterial so gut wie alles gab. Selbst seinen Sarg hätte man dort kaufen können, und brauchte man eine Fuhre Kies, so wurde auch die geliefert.

Die Eigentümerin meinte, dass es gut sei, mich zu sehen und nahm mich etwas beiseite. Ich vermutete irgendeine Bitte oder dergleichen, denn ich selbst war ja nur recht selten im Shop. Dies erledigte meine Frau oder die Haushälterin Mary. Ich hatte recht, sie hatte eine Bitte, und zwar eine für mich recht unangenehme.

Sie teilte mir mit, dass inzwischen etwas über tausend Punt aufgelaufen seien, da meine Frau immer anschreiben ließ, was zwar nicht ganz unüblich war, aber nun sei es etwas viel geworden und sie bäte um einen entsprechenden Ausgleich. Dies war die zweite kalte Dusche innerhalb weniger Tage.

Auf der Bank war nichts mehr, das Konto im Shop war reichlich überstrapaziert, geschäftlich tat sich auch nicht mehr viel und meine Frau, die das alles produziert hatte, war zu ihrem – und vielleicht auch zu meinem Glück – in Hamburg.

Es gab Momente, da hätte ich zum Mörder werden können, was wiederum mit der Polarität der Schöpfung zu tun hat. Alle Seiten der Polarität sind in uns, das Gute wie das Böse, der potentielle Heilige wie der potentielle Mörder.

Wenn dies nicht so wäre, wären wir nicht komplett, wir hätten keine Wahl, uns zwischen diesem oder jenem Verhalten zu entscheiden. Es wäre kein Verdienst, zu lieben, wenn wir nicht auch hassen könnten. Wir könnten ja gar nicht anders.

Nun will ich Sie nicht weiter in Irland festhalten. Dieser Lebensabschnitt ging zu Ende. Ich bevollmächtigte einen Solicitor mit der Abwicklung aller nun anstehenden Dinge, und wir gingen nach Deutschland zurück.

Unsere persönliche Habe passte auf einen PKW-Anhänger. Dies war immerhin etwas weniger Gepäck als bei der Hinfahrt, wenn wir es einmal positiv sehen. Meine Uhr wurde zum zweiten Mal auf Null gestellt.

Ziehen wir auch hier wieder eine Bilanz:

Die große Entschleunigung in Irland.
Das Häuschen für Freunde als Initialzündung.
Die eigene Auctioneers-Lizenz.
Das erste eigene Anwesen, alter Herrensitz mit 28.000 qm Land.
Ein eigenes Schiff muss her.
Die irischen Pubs als Geschäftsstellen.
Das zweite Anwesen mit Blick aufs Schiff.
Das Immobiliengeschäft brummt.
Der Gigantismus schlägt erneut zu.
Tiefgreifende spirituelle Erlebnisse auf dem Meer.
Das Ende des Trends nach Irland.
Erneute Pleite mit annähernd gleicher Ursachenkette.
Nichts gelernt, nichts erkannt! Klasse wiederholen!

Sie erinnern sich, dass ich die Erde einmal als eine Schule bezeichnet habe, in der wir den Umgang mit unserer geistigen Schöpferkraft zu erlernen haben: „Die Schöpfer-Schule Erde"!

Wenn wir uns weigern, bestimmte Aufgaben anzunehmen, wenn wir uns um einen Lernstoff herumdrücken, dann wird uns dieser immer wieder in neuen oder ähnlichen Variationen vorgesetzt, bis wir ihn endlich gelöst haben. So musste ich zweimal das gleiche Endresultat erleben, bis ich endlich verstanden hatte.

Aber was war nun das, was ich verstehen sollte? War es meine Aversion gegen Zahlen, war es meine diesbezügliche Faulheit?

Nein, diese war lediglich recht hilfreich für das, was mir erneut um die Ohren geschlagen werden musste.

Habe ich am Ende des Kapitels über die Zeit im Wasserschloss gesagt, dass ich mich in dieser Zeit mehr zum Humus als zur Humanität entwickelte, dann wiederholte sich das in gleicher Weise in Irland und musste auch in gleicher Weise wieder abgebrochen werden.

Mein Ego gefiel sich erneut in der Rolle des Landlords, der in diesem Fall zwar nicht mit der Kutsche durchs Land fuhr, dafür aber mit dem Schiff übers Meer. Das entsprach ganz und gar nicht meinem Lebensplan, entsprach in keiner Weise meiner Lebens-Lernaufgabe, also Abbruch auch dieses Irrwegs.

Und trotzdem waren es ganz entscheidende Lebensabschnitte, da sie mich zu einem reiferen und lebenserfahreneren Menschen gemacht haben, was mir in meiner heutigen Tätigkeit sehr zu Nutze kommt.

> Es ist nicht entscheidend,
> wie oft wir auf die Nase fallen,
> entscheidend ist alleine,
> wie oft wir wieder aufstehen!

Trauen Sie keinem Therapeuten, der nicht selbst alle Höhen und Tiefen des Lebens erfahren hat. Leben kann man nicht theoretisch studieren, Leben kann man nur praktisch erfahren.

Zum Ende dieses Kapitels noch eine kleine, liebenswerte Geschichte aus meiner Zeit in Irland, und zwar möchte ich Ihnen von Denis, dem Postman, erzählen.

Denis muss wohl so um die sechzig Jahre alt gewesen sein. Er trug eine Postuniform, auf deren Jackenaufschlägen sein Speiseplan der letzten Wochen recht deutlich ablesbar war. Aber mit Äußerlichkeiten hatte er es wohl nicht so sehr.

Wir wunderten uns, dass Denis mit der täglichen Post zu völlig unberechenbaren Zeiten kam. Mal morgens um 10.00 Uhr und mal nachmittags um 15.00 Uhr. Wie konnte das sein, er hatte doch immer die gleiche Tour zu machen, bei der er natürlich auch seine privaten Kontakte pflegte, aber eine solche Zeitdifferenz? Es war für mich nicht ganz egal, denn ich erwartete sehr oft wichtige Post, und die Zeit der E-mails war noch nicht angebrochen.

Wenn er dann am frühen Morgen „überraschend" oder auch am späten Nachmittag „endlich" eintraf, wurde er zunächst von meinen beiden irischen Wolfshunden begrüßt, für die er immer etwas Leckeres aus seiner linken Jackentasche zauberte. Meine Hunde erkannten das Geräusch seines Autos schon von weit her.

Sein erster Weg führte ihn dann ohne große Umschweife oder Fragen ins Kinderzimmer, wo er dann aus seiner rechten Jackentasche ein paar Süßigkeiten für die Kinder zauberte. Erst danach kam er in mein Büro und überreichte mir die Post. Denis ging ganz selbstverständlich durchs ganze Haus.

An einem wunderbaren Tag im Frühjahr war ich aber nicht in meinem Büro, sondern im Garten, wo dann natürlich auch Denis ganz selbstverständlich auftauchte, der mich gerade beim Schneiden eines Rosenbeetes antraf.

Mit meiner Schneidkunst war er wohl nicht so ganz einverstanden, nahm mir die Gartenschere aus der Hand und zeigte mir, wie er das machen würde.

Es blieb aber nicht beim Zeigen, er war nun nicht zu stoppen und schnitt gleich alle Rosen dieses recht großen Beetes, was ungefähr zwei Stunden dauerte. Danach setzte er zufrieden seine Runde fort. An diesem Tag waren es andere, die ihre Post etwas später bekamen. Das Geheimnis seiner unberechenbaren Zustellungszeiten war endlich gelöst.

Später erfuhren wir, dass er vor Antritt seiner Runde für ein paar ältere Damen auch noch gewisse Einkäufe in Skibbereen, dem Hauptort in unserer Gegend, erledigte, dann begann er eben etwas später. Einer dieser Damen wickelte er auch regelmäßig das Bein, weil sie sich selbst nur noch sehr schlecht bücken konnte.

An einem Tag, an dem es „Hunde und Katzen regnete", wie man das so schön in Irland ausdrückt, kam er vor Nässe triefend mit folgendem Satz in mein Büro: „Soft Day, thanks Gott".

Das war Denis und nun verstehen Sie auch, was Entschleunigung bedeutet.

6

Zurück ins deutsche Business

Ein Segen, wenn der Mensch Freunde hat, und ein noch größerer Segen, wenn auch diese sich daran erinnern!

Natürlich habe ich vor unserer Rückkehr nach Deutschland bei allen dafür in Frage kommenden Freunde und Bekannten nachgefragt, ob sie uns irgendwie helfen könnten, vielleicht einen Job für mich wüssten oder dergleichen.

Ein ehemaliger Geschäftspartner bot uns spontan seinen ausgebauten Party-Keller zunächst einmal als Bleibe an, von dort aus könnten wir ja dann weitersehen.

Dieser ehemalige Geschäftspartner war seit der Zeit meiner Agenturgründung einer meiner ersten und wichtigsten Klienten, und schon damals mochten wir uns auch irgendwie persönlich, blieben aber immer auf der formalen Geschäftsebene.

Dies hat sich dann einmal ganz spontan durch folgende Begebenheit geändert, die ich Ihnen natürlich nicht vorenthalten möchte und die wahrscheinlich ein herzliches Lachen in Ihnen auslöst. Natürlich müssen wir dazu zeitlich einen Salto-rückwärts machen.

Ich war immer ein ausgesprochener Sauna-Fan, und schon in meiner Düsseldorfer Agenturzeit habe ich am Wochenende gerne verschiedene Sauna-Anlagen in einem Umkreis von 100 km ausprobiert. An einem solchen Wochenende hatte ich mir eine große Sauna-Anlage in Holzweiler bei Bonn vorgenommen, von der ich schon sehr viel Positives gehört hatte.

Sie lag landschaftlich sehr schön am Eingang der Eifel in Richtung Altenahr, und auf der Autobahn Köln-Koblenz konnte ich auch meinem Lamborghini an einem Sonntagmorgen mal so richtig die Sporen geben, zumindest war dies zu dieser Zeit noch möglich. So ging ich diesen Tag also frohen Mutes an.

Nun geht man ja üblicher Weise nicht im Business-Outfit in die Sauna, sondern eher als Adam und Eva verkleidet, und genau so stand ich plötzlich und unerwartet als personifizierter Adam, mit einer ebenso personifizierten Eva an der Hand, meinem wichtigsten Kunden und seiner Gattin, ebenfalls in Adam-und-Eva-Ausstattung, gegenüber.

Nach einem Moment der Schockstarre konnten wir uns nur noch in ein herzliches Lachen hinüberretten und versuchen, das Ganze so normal zu finden, wie es doch eigentlich auch war oder doch zumindest hätte sein sollen. So ganz normal war dieser Moment wohl trotzdem nicht.

Ich habe tausende Menschen nackt gesehen, aber plötzlich einem wichtigen Geschäftspartner und seiner Gattin gegenüberzustehen, den man bisher nur aus hochoffiziellen Terminen kannte, ist doch etwas ganz anderes.

Was sonst so alles an Status und wichtigem Gehabe aufgeboten wird, ist nun plötzlich auf null reduziert. Jeder ist nur noch ein Mensch aus Fleisch und Blut. Ganz ohne Maßanzug, Krawatte oder Status-Uhr.

Es wäre vielleicht keine schlechte Idee, manches Management und manche Streithähne einfach einmal in eine Sauna einzu-

sperren. *Wenn es nach einer gewissen Zeit des Schwitzens nichts Wichtigeres mehr gibt als frische Luft, erscheinen alle anderen Probleme nur noch halb so wichtig und manch aufgeblähtes Gehabe wird auf null reduziert.*

Aber gehen wir zurück zu unserem Wohnsitz im Partykeller, bei eben diesem alten Geschäftspartner. Der Gang zum örtlichen Sozialamt blieb mir natürlich nicht erspart, denn ganz ohne Geld ging es nun einmal nicht, und irgendwie mussten wir ja leben. Wir konnten uns von unserem Freund nicht auch noch durchfüttern lassen. Immerhin hatten wir, als immer noch deutsche Staatsbürger, ein Anrecht auf Sozialhilfe.

Eine bemerkenswerte Karriere vom Landlord im Wasserschloss, über den Besitzer eines englischen Landsitzes und einer Hochseeyacht in Irland zu einem in einem Party-Keller lebenden Sozialhilfeempfänger in Deutschland.

Kein leichter Gang für mich, oder sagen wir richtiger, für mein Ego, was Sie sicher nachvollziehen können. Aber offensichtlich schien ein solcher Wandel notwendig, oder er wäre so nicht geschehen.

Wenn wir einen Lernstoff, der uns serviert wurde, nicht verstanden haben, wenn wir unbeirrt weitermachen, wird uns der gleiche Lernstoff so lange weiterhin serviert, bis wir endlich verstanden haben.

In unserem Leben werden wir wie an einer langen Leine geführt, und dabei gibt es keinen Zufall. Wenn wir zu weit ausscheren, wird die Leine wieder kurz gezogen, und wir tun gut daran, es endlich so anzunehmen, wie es ist.

Auflehnen, hadern, das vermeintlich ungerechte Schicksal beklagen usw., zieht uns nur noch tiefer hinunter. Annehmen aber heißt nicht hinnehmen. Zwischen diesen beiden Begriffen liegt ein gewaltiger Unterschied.

Ich nehme die Situation als Aufgabenstellung an, aber ich nehme sie nicht als sogenanntes Schicksal hin.

Es ist lediglich eine neue Spielsituation entstanden, der ich mich jetzt zu stellen habe.

Ich erwarte allerdings nicht, dass Sie solche Erkenntnisse schon an dieser Stelle teilen.

Nach nur wenigen Wochen kam dann das Sozialamt auf die Idee, dass ich für die gezahlte Unterstützung eine Gegenleistung erbringen sollte, und wollte mich deshalb als Aushilfskraft in eine Baumschule schicken. Sollte ich mich weigern, würden sie das Recht haben, die Unterstützung zu kürzen.

Noch tiefer konnte ich nicht mehr fallen, noch mehr konnte ich nicht gedemütigt werden, was in meinem Lebensplan aber offensichtlich notwendig war. Mein Gigantismus musste wohl wieder einmal gebremst werden.

Die menschliche und spirituelle Reife, die ich in meinem heutigen Lebensalter erreicht habe, wäre ohne solche Erfahrungen wohl kaum möglich gewesen.

Mal ganz oben und mal ganz unten zu sein, ergibt erst die volle Bandbreite des Lebens. Auch dies ist wieder ein Beispiel für das geistige „Gesetz der Polarität". Dadurch lernen wir, tiefer zu verstehen und vor allem auch zu relativieren. Unsere Bandbreite wird größer! Wir werden flexibler, elastischer, dehnungsfähiger.

Das Flexible und Elastische wird den stärksten Sturm überstehen.

Das Starre und Unnachgiebige wird im Sturm brechen.

Elastizität bedeutet aber keineswegs, zu buckeln, sich zu verbiegen oder gar profillos zu werden. Das wäre die total falsche Richtung.

Ich bin, wer ich bin; ich bleibe, wer ich bin; ich nehme mich so an, wie ich bin; ich bleibe in jeder Lage der, der ich bin. Auch nach dem stärksten Sturm wird wieder die Sonne scheinen.

Vielleicht ist dann nach einem solchen Sturm mein Haus nicht mehr da, wo es einmal stand, mein Garten verwüstet, meine Habe verweht. Aber ich bin noch da, und was mir genommen wurde, hat Platz für das geschaffen, was kommen wird. Urvertrauen!!!

Ich warne ausdrücklich vor dem ausschließlich anstudierten Wissen so mancher Berater und Therapeuten. Wer nicht selbst alle Höhen und Tiefen des Lebens erfahren hat, wird wohl kaum jemand anderen beim Durchleben seiner Hochs und Tiefs begleiten können. Hochs und Tiefs aber hält das Leben für uns alle bereit, und wenn sie sich auf so vermeintlich einfachen Feldern wie einer Partnerschaft abspielen. Oder ist das bei Ihnen etwa anders?

Aber gehen wir zurück zum Leben im Partykeller. In dieser höchst angespannten Situation rief mich eines Morgens mein ehemaliger Partner Siegfried an, der mich ja auch damals auf die Idee des Galeriegeschäfts gebracht hatte, wie Sie sicher erinnern.

Bei ihm hatte sich ein Headhunter gemeldet, der dringend einen Vertriebs- und Marketingfachmann für einen Job in München suchte. München und der oberbayerische Raum waren ja schon immer mein Ziel. Hier wollte ich ja einmal leben und arbeiten, wobei das regional nicht so ganz eng begrenzt war. Es hätte natürlich auch das Allgäu oder Niederbayern sein können.

Bedingungen für diesen Job: natürlich eine entsprechende Erfahrung, möglichst direkte Verfügbarkeit und Beherrschung der englischen Sprache. Aber genau damit konnte ich doch dienen.

Erfahrung war genügend vorhanden, schließlich war ich einmal für die gesamte Marketingberatung der Agentur verantwortlich, verfügbar war ich auch ab sofort und zudem kam ich gerade aus einem englischsprachigen Land.

Mein Freund Siegfried empfahl mich natürlich diesem Headhunter wärmstens, und der arrangierte ein Vorstellungsgespräch in München, ohne dass ich ihn selbst vorher jemals gesehen hatte. Hier zählte wohl das Wort meines Freundes Siegfried. Ich vergesse es nie. Das Gespräch fand an einem Donnerstagmorgen, 11.00 Uhr, in der Kardinal-Faulhaber-Straße in München statt.

Nun half mir zunächst etwas, was ich auch jedem Leser unbedingt nahelegen möchte. Ich habe die Verpflichtungen aus meinen Kreditkarten immer zu hundert Prozent erfüllt, und so standen sie mir, trotz der absoluten finanziellen Enge, auch weiterhin zur Verfügung.

Dies war meine letzte Sicherheit, und ich hätte lieber gehungert, als diese aufs Spiel zu setzen. So konnte ich einen Flug von Bonn nach München und auch ein Hotel buchen. Wie ich das dann nachher bezahlen wollte, würde sich schon herausstellen, darüber machte ich mir zu diesem Zeitpunkt keine Gedanken.

Über eine Reisekostenübernahme durch die interessierte Firma habe ich nicht verhandelt, das erschien mir zu kleinkariert. Wie könnte jemand ernsthaft an einem Manager interessiert sein, der um sein Fahrgeld bat?

Das Vorstellungsgespräch verlief dann so, wie wohl die meisten Vorstellungsgespräche verlaufen. Ich wurde vom engeren Führungskreis der Kirch-Gruppe, ca. sechs Leute, einschließlich Leo Kirch selbst, ausführlich interviewt. Diesen Namen kann ich heute nennen, die Konstellation von damals existiert ja heute nicht mehr und der von mir sehr geschätzte Leo Kirch ist inzwischen verstorben.

Die meisten der interviewenden Herren stellten sehr gescheite Fragen, und ich versuchte, ebenso gescheit darauf zu antworten. Nur von einem der Herren, einem Dr. …, kamen sehr spezifische und auch etwas aggressive Fragen, auf die ich beim besten Willen keine Antworten wissen konnte. Irgendwie wurde mir deutlich, dass dieser Herr mich abschießen und wohl jemand anderen durchbringen wollte.

War ich bisher sehr höflich und flexibel, so weckte seine Angriffslust auch die Angriffslust in mir. Meine Antworten wurden deutlich schärfer und ebenfalls aggressiver. Ich fuhr ihm ebenso über den Schnabel, wie er mir über den Schnabel zu fahren versuchte, und machte auch sehr deutlich, dass seine Fragen höchst unfair seien.

Zum Ende des Gesprächs kam dann die übliche Frage nach meinen Gehalts-Vorstellungen und man tat mir kund, dass im Konzerngefüge für diese Position ein Gehalt von 180.000 DM pro Jahr vorgesehen sei, was mein verständnisloses Kopfschütteln zur Folge hatte.

Umgekehrt tat ich den etwas erstaunten Herren kund, dass sie schon über die 200.000 DM-Grenze gehen müssten (das war zu dieser Zeit sehr viel Geld), wenn sie wirklich an meiner Mitarbeit interessiert seien.

Nun, immerhin wollte man sich zur Beratung zurückziehen und sich dann umgehend mit mir in Verbindung setzen. Meinerseits gab ich zu wissen, dass ich bis 16.00 Uhr im Hotel zu erreichen sei und dann nach Bonn zurückfliegen würde.

Die Zeit nach diesem Vorstellungsgespräch bis gegen 16.00 Uhr war eine der schlimmsten Stunden in meinem Leben. Während ich in diesem Vorstellungsgespräch einfach nur ICH war und keine Sekunde Zweifel an mir und meinem Verhalten hegte, so schlugen diese Zweifel nun umso gnadenloser zu. So etwas kennen Sie sicher auch.

Wie verantwortungslos hatte ich mich doch verhalten, hatte wieder einmal den großen Max gespielt, ohne einen Pfennig in der Tasche zu haben. Die Baumschule wartete auf mich, meine Familie saß im Partykeller eines Freundes und ich schlug ein Angebot von 180.000 DM Jahresgehalt aus. Größenwahn oder was?

Würde Gott mich für solchen Hochmut strafen? Wie undankbar war ich auch gegenüber jenen, die mir zu diesem Vorstellungsgespräch überhaupt erst verholfen hatten usw.? Das Heimkino in meinem Kopf spulte immer wieder diesen gleichen Film ab.

Die Uhr schien stillzustehen. Die Zeiger bewegten sich kaum in Richtung der Vier, bis dann ca. zehn Minuten vor vier tatsächlich das Telefon klingelte und man mir mitteilte, dass sich Herr Dr. Kirch auf die Zusammenarbeit mit mir freue. Es war geschafft!

Das Angebot lag dann bei 210.000 DM Jahresgehalt, plus Dienstwagen, diverser Versicherungen usw. Die Baumschulen mussten jemand anderen suchen. Dies alles geschah an einem Donnerstag.

Am darauffolgenden Montag saß ich bereits in meinem Büro in München, zu dem ich mir erst einmal die mir passenden Möbel aussuchen konnte. Ebenfalls begann ich mit der Suche nach einer geeigneten Sekretärin. Als Dienstwagen konnte ich mich für einen BMW der Fünferreihe oder einen entsprechenden Mercedes entscheiden. Ich nahm den BMW.

Da ich natürlich noch keine Wohnung in München hatte, wohnte ich zunächst einmal in den Münchner Top-Hotels wie Bayerischer

Hof, Vier Jahreszeiten usw. Die Kosten übernahm selbstverständlich die Kirch-Gruppe.

Es dauerte ungefähr zwei Monate, bis ich durch meine inzwischen eingestellte Sekretärin eine entsprechende Wohnung fand. Bis dahin war ich keineswegs unzufrieden. Immerhin kein schlechter Tausch vom Partykeller in Bonn zum Bayerischen Hof in München.

Später erfuhr ich dann, dass ich auf ausdrücklichen Wunsch von Leo Kirch selbst eingestellt worden war. Er wollte mich haben, er hatte mich einfach durchgesetzt. Ihm gefiel wohl die Art, wie ich meinem Widersacher über den Schnabel gefahren und mich zur Wehr gesetzt hatte.

Diesen Kerl wollte er haben. Hätte ich auch nur eine Sekunde Unsicherheit gezeigt, hätte ich erkennen lassen, dass ich diesen Job brauchte, hätte ich diesen Job wohl nie bekommen.

Wie ich schon in vielen Büchern von mir sinngemäß ausgeführt habe, kann man wohl kaum jemanden von sich überzeugen, wenn man nicht selbst von sich überzeugt ist.

Menschen, die selber erfolgreich sind, haben ein untrügliches Gespür für diese feinen Schwingungen.

Ich war, trotz meiner äußeren Situation, von mir überzeugt. Ich wusste, dass es weitergehen würde und die drohende Baumschule ein Gespenst bleiben würde.

*Woher ich das wusste? Ich kann es nicht definieren, nennen wir es wieder einmal **Urvertrauen**.*

Da ich auf ausdrücklichen Wunsch von Leo Kirch eingestellt worden war, stand ich im Konzern unter so etwas wie Naturschutz.

Hätte jemand mich angezweifelt, hätte er damit auch Leo Kirchs Urteilsvermögen angezweifelt, und das wollte wohl niemand offen tun.

Meine erste Geschäftsreise führte mich dann nach Zürich, denn ich war für den gesamten deutschsprachigen Raum zuständig, und die Schweiz hatte in meinem neuen Bereich schon einen gewissen Erfahrungs-Vorsprung erarbeiten können, was mit der dortigen, etwas offeneren Medienpolitik zu tun hatte.

In Deutschland war die Medien-Gesetzgebung Sache der einzelnen Bundesländer. Was in einem Bundesland möglich war, war in einem anderen Bundesland möglicherweise sogar verboten, was zum Beispiel bei einem über Satellit ausgestrahlten Fernsehprogramm ein Problem werden konnte. Satelliten kennen nun mal keine Ländergrenzen.

Mit der Zeit war ich dann mehr in Zürich als in München. Mir wurde deshalb in Zürich ein sogenanntes Business-Appartement im Hotel Nova Park eingerichtet. Dies war ein Appartement innerhalb der Hotelanlage, das von der Kirch-Gruppe monatsweise bezahlt wurde und ausschließlich mir zur Verfügung stand.

Ich musste also nicht jedesmal die Koffer packen, wenn ich von München nach Zürich wechselte. Ich hatte in beiden Städten meine Anzüge hängen, wenn ich es einmal so salopp ausdrücken darf.

Der Job selbst war weniger anstrengend. Ein geplantes Joint Venture mit den amerikanischen Firmen HBO, Warner Bros., Twenty Century Fox und zwei weiteren deutschen Medien-Konzernen kam letztlich nicht zustande und das Projekt, für das ich so dringend eingestellt worden war, wurde auf Sparflamme geschaltet.

In einem Aufhebungsvertrag vereinbarten wir dann nach etwa zweieinhalb Jahren die Beendigung des Anstellungsvertrages, was mir eine zusätzliche Abfindung von ca. 150.000 DM einbrachte. Ich hatte also wieder Boden unter den Füßen.

Nun muss ich Sie noch einmal daran erinnern, dass ich ja in Irland ein Gerät zur Rücken- und Kreislauftherapie entwickelt hatte, und nun stellte sich mir die Frage, ob ich mich erneut in diesem Bereich engagieren oder ganz neue Wege gehen sollte. Aus meinen diesbezüglichen Aktivitäten in Irland standen mir noch zwei Prototypen dieses Geräts zur Verfügung, die ich ja einmal in Deutschland hatte herstellen lassen.

Ich mietete kurzentschlossen ein paar geeignete Räume in München-Trudering und stellte einen in Deutschland zugelassenen Masseur und Physiotherapeuten ein. Ich selbst hätte nicht praktisch tätig werden können, mir fehlten dazu die entsprechenden deutschen Zulassungen.

Schon nach einem halben Jahr zeichnete sich aber ab, dass es wohl eines sehr großen finanziellen Aufwands und eines langen Atems bedürfen würde, ein solch neues System im Markt durchzusetzen. Ich gab diesen kurzen Versuch also wieder auf.

Erst wenn ich erreicht hätte, das dieses System verschreibungsfähig wurde, also per Rezept verordnet und von Physiotherapeuten und Masseuren über Krankenkassen abgerechnet werden konnte, war mit einem wirtschaftlichen Erfolg zu rechnen. Nur auf Privatzahler zu hoffen, schien aufgrund meines Versuchs aussichtslos. Den Versuch war es trotzdem allemal wert.

Über einen kurzen Umweg nach Nienburg an der Weser zog es mich dann zunächst wieder einmal nach Düsseldorf zurück, wo ich über den Weg eines von mir gegründeten Vereins eine Praxis in Alt Pempelfort, direkt neben dem Schloss Jägerhof, eröffnete.

Der Verein und die Praxis waren auf die Schwerpunkte Lebenserfolg, Konfliktbewältigung und Persönlichkeitsentwicklung ausgerichtet. Hier wollte ich all meine gesammelten Erfahrungen weitergeben und den Menschen vor allem ein etwas anderes Wertesystem vermitteln.

Ins Business wollte ich nicht mehr zurück. Ich sah keinen Sinn mehr darin, den Marktanteil von irgendetwas zu steigern, während die Menschen selbst keinen Schritt weiter kamen. Aber das habe ich ja schon einmal gesagt.

> Alles Äußere ist vergänglich.
> Nur das, was wir in uns tragen,
> hat Bestand.

Naturgemäß nahm diese Praxis mit der Zeit eine geistige Ausrichtung an, denn das, was ich vermitteln wollte, spielte sich ja mehr auf der geistig-seelischen Ebene als auf der materiellen Ebene ab.

Unsere geistige Haltung ist die Initialzündung zur Formung der Umstände auf der materiellen Ebene.

Ich hoffe, ich konnte dies am Beispiel meines Vorstellungsgesprächs in München klarmachen. Wäre ich mir nur einen Moment klein und arm vorgekommen, was nach den materiellen Umständen ja nicht so ganz unberechtigt gewesen wäre, hätte ich dies auch ausgestrahlt und den Job wohl nie bekommen.

Aber auf meiner geistigen Ebene war ich keine Sekunde klein oder arm, und genau das habe ich dann auch ausgestrahlt. Aber lassen wir das jetzt.

Natürlich vermied ich es sehr sorgsam, in den damaligen Boom der Esoterik zu geraten, die mir von allzu vielen Träumern und

Spinnern durchsetzt war. Was ich vermitteln wollte, hatte nur ganz entfernt etwas mit Esoterik zu tun – eigentlich gar nichts.

Jeden Montagabend praktizierten wir ein „Haus der offenen Tür", wo jeder Interessierte an einem Vortrags- und DiskussionsAbend kostenlos teilnehmen konnte. Meist riss ich in einem relativ kurzen Vortrag ein Thema, wie z.B. Liebe, Vertrauen, Ego, Schicksal oder dergleichen, an, und jeder konnte dann dazu seine eigene Meinung äußern. Diese Abende verliefen oft sehr kontrovers, aber in jedem Fall fruchtbar.

Jedoch saß ich wieder einmal in Düsseldorf, und die Erinnerung an München und die von mir geliebte bayerische Lebensart, die ja auch eine besondere mentale Haltung widerspiegelt, ließ mich nicht los.

Mit einer Lebens-Abschnitts-Gefährtin, so nennt man das wohl heute, zog ich dann zunächst einmal zurück nach München. Von dort aus wollten wir uns dann nach einem geeigneten Wohnsitz im ländlichen Raum umsehen. Ich wollte das, was ich jetzt in Düsseldorf tat, in einer Umgebung fortsetzen, die etwas mehr Abstand zum Alltag zuließ.

Eine kleinen Geschichte aus dieser kurzen Düsseldorfer Zeit möchte ich Ihnen trotzdem nicht vorenthalten.

Eine junge Frau, die mich in den Abenden kennengelernt hatte, kam dann auch zu einer privaten Konsultation zu mir. Sie war mit sich selbst und vor allem mit ihrem Körper völlig unzufrieden und litt sehr darunter, dass ihr nur sehr kleine Brüste gewachsen waren.

Sie empfand sich dadurch als relativ unweiblich und bat mich darum, ihr insgesamt zu einem anderen Selbstbild zu verhelfen. Das musste sich natürlich vorwiegend auf der geistigen Ebene abspielen.

Nun wusste ich aber, dass es möglich war, durch Hypnose das Wachstum bestimmter Organe, und dazu zählten auch die weiblichen Brüste, anzuregen. Ich schlug Gabi, so möchte ich sie ab hier nennen, vor, diesen Weg einmal auszuprobieren. Das Ergebnis: Ihre kleinen Brüste entwickelten sich zu recht ansehnlichen weiblichen Rundungen. Gabi war glücklich.

Sie war sogar so glücklich, dass sie darüber an die örtliche Redaktion der Bildzeitung in Düsseldorf berichtete, die dann das Thema auch tatsächlich aufgriff. Es erschien ein Artikel über Gabis glückliche Wandlung, natürlich mit einem Foto von ihr, und auch verschiedene Gynäkologen wurden zu diesem Thema befragt, die allesamt bestätigten, dass das Phänomen des Brustwachstums durch Hypnose durchaus bekannt sei.

Nach diesem Artikel wurde meine Praxis von schmalbrüstigen jungen Damen überrannt. Ich hatte plötzlich eine Busenpraxis, und das war wohl wieder einmal nicht so ganz im Sinne dessen, was ich in meinem Leben zu erledigen hatte. Unattraktiv war diese Periode aber jedenfalls nicht.

Ziehen wir auch hier wieder eine kurze Bilanz:

Die Wichtigkeit, Freunde zu haben.

Ein ungewöhnliches Sauna-Erlebnis.

Die drohende Arbeit in der Baumschule.

Siegfried und der Headhunter.

Das selbstbewusste Vorstellungsgespräch.

Anschließende Gewissensbisse und Selbstzweifel.

Ruhige Zeiten in Zürich mit lukrativem Aufhebungsvertrag.

Verein und Praxis in Düsseldorf. Die Busenpraxis.

7

Angekommen!
Oder doch nicht angekommen?

München, Grabenstätt, Cieming und dann letztlich Aschau im Chiemgau waren die Stationen, die mich zu meinem heutigen Domizil führten. In Grabenstätt war es wieder einmal ein großes Haus mit einem ca. 150 qm großen, zentralen Raum, in dem wir das System unserer freien Montagabende fortführen wollten. Reste des Gigantismus?

Interessierte Menschen kamen selbst aus München zu einem solchen Montagabend an den Chiemsee, was mit Hin- und Rückfahrt immerhin zwei Stunden Fahrzeit bedeutete, falls es nicht gerade wieder einmal auf der Autobahn staute.

Es waren interessante Abende, und vor allem waren sie kostenlos. Aber davon kann man nicht leben und auch keine Miete bezahlen, und als wir beschlossen, einen Kostenbeitrag von zehn Euro pro Person und Abend zu erheben, blieb die Hälfte der Leute weg. Weiterhin interessante Abend erleben ja, aber dafür auch noch Geld ausgeben – nein danke!

Wäre jemand darunter gewesen, dem es schwergefallen wäre, einen solchen Beitrag zu leisten, hätten wir natürlich bei ihm darauf verzichtet, aber es waren alles ganz normal situierte Menschen, die in Brot und Arbeit standen. Bei Paaren musste ohnehin nur einer von beiden zahlen.

Trotz allem war es natürlich immer nur ein begrenzter Kreis zwischen fünfzehn bis zwanzig Leuten. Nicht dass ein solcher Kreis die Mühe nicht wert gewesen wäre, aber ich wollte mehr bewegen, wollte etwas zum Wechsel im Denken und Handeln unserer vorwiegend materiell ausgerichteten Gesellschaft beitragen.

Schließlich hatte ich ja selbst erfahren, dass äußerer Wohlstand etwas sehr Vergängliches ist und am Ende immer nur der innere Wohlstand zählt.

> *Ein innerlich reicher Mensch*
> *ist auf allen Ebenen reich.*
> *Ein allein äußerlich reicher Mensch*
> *bleibt innerlich arm.*

Ich durfte dies an einem ca. fünfundvierzig Jahre alten Mann erfahren, der zu einer Einzel-Intensiv-Woche zu mir kam. Seine Lebensgefährtin war eine Woche vorher bei mir und hatte ihn wohl dazu überredet, auch einmal den Versuch zu wagen.

Dieser Mann besaß, wie ich leider erst später erfuhr, 4,6 Milliarden Euro und war nach dem Tod seines Vaters das Oberhaupt eines Familien-Clans. Gerne hätte ich in einem solchen Fall mein Honorar etwas erhöht – zu spät!

Von Kindheit an auf Geld trainiert, gab es in seinem Leben natürlich auch nichts anderes als Geld. Seine Emotionalität war ausgestorben, war wegtrainiert worden. Sein unantastbares Pokerface zeigte keinerlei Reaktionen, bis ich ihn an einem Vormittag einmal so weit hatte, dass er tatsächlich weinte. Kein Wasserfall, der sich da auftat, aber immerhin…

Ich hatte ihn für einen kurzen Moment öffnen können. Er weinte über sein freudloses Leben, in dem es keine Höhen und Tiefen gab, in dem es keine echten zwischenmenschlichen Beziehung gab, in dem es kein anderes Ziel, außer dem der Geldvermehrung, gab.

Dass er bei mir geweint hatte, rechnete er sich dann offensichtlich als eine unverzeihliche Niederlage an. Ich habe ihn danach auch nie wieder gesehen. Dass ihm so etwas passieren konnte – wahrlich unverzeihlich für ihn. Ein solches Risiko wollte er offensichtlich kein zweites Mal eingehen.

So schön und gut meine therapeutischen Ansätze auch waren, ein träumerischer Weltverbesserer wollte ich nun auch nicht werden. Dazu lebte ich zu sehr in der täglichen Realität, die mich spätestens an der Supermarktkasse, der Tankstelle oder im Klamottenladen usw. einholte.

> *Wir können die Welt nicht ändern,
> wir können nur unseren Umgang
> damit ändern.*
>
> *
>
> *Sobald wir dies tun,
> sieht die Welt ganz anders aus,
> obwohl sie doch
> immer noch die gleiche ist.*

Natürlich haben wir in unserem großen Haus auch Seminare im üblichen Zeitrahmen von Freitagmittag bis Sonntagmittag angeboten. Dies war immerhin mehr als ein Montagabend, aber auch ein solches Seminar bot kaum die Möglichkeit, an das Eingemachte eines Menschen, an seine eingefahrenen Denk- und Verhaltensstrukturen, heranzukommen.

In einer Gruppe bleibt der Mensch zunächst in seinem antrainierten Rollenspiel verhaftet. Bis es dann allmählich zu einer Öffnung kommt, ist das Seminar auch schon wieder fast zu Ende, und einige Wochen nach dem Seminar läuft das Leben so weiter, wie es auch vorher gelaufen ist. *Ich habe ja alles versucht... ich war sogar bei diesem Guru da in...*

In dieser Hinsicht gibt es wahre Seminar-Sammler. Sie waren schon nahezu überall und bei jedem, kommentieren auch alles und jeden, nur geändert hat sich bei Ihnen selbst leider gar nichts.

Sie führen kluge Reden und wissen auch tatsächlich sehr viel, aber es ist alles nur im Kopf hängen geblieben und nichts ist auf die Ebene durchgesickert, auf der es hätte etwas bewirken können.

Welchen Weg sollte ich also einschlagen? Und da kam wieder meine alte Jugendvision vom Drucken und von Büchern zum Tragen. Sie erinnern sich, ganz am Anfang habe ich darüber berichtet, die Schriftsetzerlehre in der „Buch"-druckerei, die leider keine Bücher druckte.

Natürlich erreicht ein Buch mehr Menschen, als man in einem Vortrag oder Seminar erreichen kann.

Aber hat ein Buch auch die Kraft, etwas zu bewegen?

Kann ein Buch vielleicht sogar mehr bewegen als ein Seminar?

Ein Seminar ist relativ schnell und unwiederbringlich zu Ende.

Ein Buch hingegen kann man immer wieder zur Hand nehmen.

Aber tut dies auch jemand?

Ein Buch hat die Chance, zu einem ständigen Begleiter zu werden, und genau solche Bücher wollte ich schreiben. Keine hochgeistige Literatur voller Theorien und hochtrabender Ansätze, sondern handfeste Gebrauchsanweisungen für das tägliche Leben.

Wenn wir etwas bewegen wollen, müssen wir es von der Basis her bewegen, so jedenfalls meine Überzeugung.

Das erste Manuskript, das ich hoffnungsfroh in diesem Sinne verfasst hatte, wollte leider kein Verlag als Buch herausgeben, obwohl ich mit meinen Marketingkenntnissen wirklich alles versucht hatte, einen solchen Verlag zu finden. Es kamen nur Absagen, oder es gab keinerlei Reaktion, was leider sehr oft der Fall war.

Heute verstehe ich das. Einen bis dahin völlig unbekannten Autor herauszubringen, war natürlich ein hohes Kostenrisiko, und in einem großen Verlag jemanden zu finden, der ein solches Kostenrisiko auf sich nahm und absegnete, war sicher nicht leicht.

Geht doch jeder lieber den sicheren Weg, auf dem man ihm dann auch nichts vorwerfen kann. Das ist allzu menschlich.

Ich selbst hatte zur Verwertung dieses Manuskripts getan, was ich tun konnte, hatte alles probiert, mehr ging nicht, und so habe ich mich folgerichtig um dieses Manuskript nicht mehr gekümmert, habe aufgegeben. Es bekam einen sanften Ruheplatzlatz im Ablageschrank.

Nun, „nicht mehr darum gekümmert" und „aufgegeben" ist allerdings nicht so ganz richtig. Ich habe es vielmehr abgegeben, habe es abgegeben an die unbegrenzte geistige Ebene, an meine Jungs, wie ich meine Helfer auf der geistigen Ebene immer etwas salopp nenne. Wir pflegen einen sehr lockeren Umgang miteinander.

Ich muss nicht in Ehrfurcht vor den Wesen auf der geistigen Ebene erstarren. Sie sind da oben und ich bin gerade hier unten, wenn Sie mir diese etwas ungenaue Umschreibung einmal gestatten. Wir haben alle den gleichen Vater, haben alle den gleichen Schöpfer.

Überall ist oben und überall ist unten. Auf einer Kugel, die sich ständig dreht, gibt es kein Oben und kein Unten.

Trotzdem blicken die Menschen zum Himmel, wenn sie die unbegrenzte Ebene meinen, obwohl sie dabei, je nach Ausrichtung der Erdoberfläche, natürlich auch manchmal nach unten blicken. Aber gehen wir wieder zu meinen Jungs. Wie ich bereits sagte, es ist kein Unterschied zwischen ihnen und mir.

Es gibt nur eine Quelle. Wir sind alle eine Manifestation dieser Urquelle. Die Quelle selbst jedoch bleibt unmanifestiert.

Der einzige Unterschied ist, dass ich gerade in einem menschlichen Körper stecke, um auf dieser Erde eine bestimmte Lernerfahrung zu machen. Meine Jungs hingegen sind auf der körperlosen, rein geistigen Ebene und haben dort den besseren Überblick. Ich kann sie somit um Hilfe bitten. Wie gesagt um Hilfe, nicht um Erledigung.

Sollte es richtig sein, dass mein Buch erscheint, würde es auch erscheinen, egal, was nunmehr passieren würde. Sollte es nicht richtig sein, würde es auch nicht erscheinen, egal, was nun passieren würde.

Ich habe meine Technik des Abgebens an die geistige Ebene schon ausführlich in anderen Büchern erklärt. Haben Sie also bitte Verständnis, wenn ich sie hier nur kurz skizziert habe. Sie wollen ja nicht mehrmals das Gleiche lesen.

Gehen wir weiter. Einige Monate später erhielt ich eines schönen Vormittags einen Anruf von einer Dame, die mir Folgendes erklärte:

Damals habe sie beim …Verlag mein Manuskript zur Begutachtung gehabt, hätte es auch gerne herausgebracht, sich aber in der Verlagskonferenz leider nicht durchsetzen können.

Heute sei sie Verlagsleiterin beim …Verlag, hätte die Möglichkeit, zu bestimmen, und wollte einfach mal anfragen, ob das Manuskript denn noch frei wäre.

Nun, freier ging's gar nicht mehr, und so erschien dann mein erstes Buch im Jahre 2002. Das Buch wurde zu einem Erfolg und später auch als Taschenbuch herausgegeben, von dem nunmehr die 6. unveränderte Auflage erschienen ist. Zudem wurden Unterlizenzen an andere Verlage vergeben.

Heute, im Jahr 2016, gibt es insgesamt sechzehn Bücher von mir und das siebzehnte ist in Arbeit. Ich kann es einfach nicht lassen und empfinde eine große Befriedigung beim Schreiben.

Das Leben lehrt mich täglich, dass es immer noch etwas zu erklären gibt, dass man immer noch helfen kann. Aus vielen E-mails weiß ich, dass ich mit meinen Büchern auch tatsächlich etwas ausrichten kann. Aber dies ist sicher nicht immer und überall der Fall.

Buch und Leser müssen zusammenpassen. Ein Buch muss seinem Leser genau an der Stelle begegnen, wo es ihm etwas zu sagen hat, wo es in seine Lebenssituation passt.

Ein Buch im spirituellen Bereich oder im Bereich der Lebenshilfe ist nicht von sich aus richtig oder falsch, ist nicht von sich aus gut oder schlecht.

Es ist immer nur für einen bestimmten Leser in einer bestimmten Lebenssituation richtig oder falsch, gut oder weniger gut.

Vor einiger Zeit rief mich ein Mann an und erzählte mir, dass er vor einigen Jahren ein Buch von mir gekauft und dann enttäuscht wieder weggelegt habe. Er wusste damit rein gar nichts anzufangen. Dann fuhr er fort:

Gestern habe er sein Bücherregal ausgemistet und dabei sei ihm dieses Buch noch einmal in die Hände gefallen. Er habe zunächst noch einmal lustlos darin herumgeblättert und es dann in einer Nacht durchgelesen. Nun sei er zwar etwas müde, wolle sich aber persönlich bei mir für dieses Buch bedanken. Es sei genau das gewesen, was er gebraucht habe.

In diesem Buch stand immer das Gleiche, vorher wie nachher. Einmal passte es gar nicht, und ein andermal passte es ganz genau und war das, was jemand an dieser Stelle seines Lebens brauchte.

Wenn ich auf meine zahlreichen Erfahrungen mit Diskussionsabenden, Seminaren, intensiven Einzelbetreuungen und auch mit meinen Büchern zurückblicke, dann waren meine Einzelbetreuungen das, mit dem ich die größten und stabilsten Veränderungen im Verhalten eines Menschen erzielen konnte, was natürlich auch immer von dessen eigener Mitarbeit abhängig ist.

Ich selbst kann im Leben eines Menschen nichts verändern, das kann er nur selbst. Ich hätte auch gar nicht das Recht dazu. Ich kann nur lehren, wie ein Mensch die gewünschte Änderung selbst erzielen kann, und ihn dabei liebe- und verständnisvoll an die Hand nehmen. Ich kann ihm den Weg zeigen, aber gehen muss diesen Weg ein jeder selbst.

Vor allem die einjährige telefonische Nachbetreuung, die bei mir zum Bestandteil einer Einzel-Intensiv-Woche gehört, hat sich dabei als große Hilfe erwiesen. Sie gibt einem Menschen so etwas wie einen Halt, bei dem er sich immer wieder absichern kann.

Jede Änderung eingefahrener Denk- und Verhaltensmuster bedarf eines längeren Weges und ist kein Hundertmeterlauf.

> **Man kann nicht einfach durch Beschluss sein Verhalten ändern.**

„Jetzt habe ich es endlich erkannt, jetzt mache ich so was nie mehr."

Vergessen Sie solche Beschlüsse, Sie werden es wieder genauso machen, wie Sie es auch vorher schon gemacht haben. Ihr hochweiser Beschluss wurde auf der Verstandesebene gefasst, Ihr Verhaltensmuster aber ist auf der unbewussten Ebene verankert. Dort muss angesetzt werden, wobei der Verstand wiederum doch nicht so ganz unwichtig ist.

Ein Klavier hat weiße und schwarze Tasten. Erst die Benutzung aller Tasten eröffnet auch alle Möglichkeiten des Klaviers.

Der oft gehörte Satz „Man muss nur wollen, dann kann man auch" ist leider völlig unzutreffend.

Versuchen Sie doch einfach mal keine Angst haben „zu wollen".

Je mehr Sie keine Angst haben wollen, desto gründlicher wird Sie die Angst schütteln.

Das Unterbewusstsein kennt keine Verneinung. Es reagiert lediglich auf das Stichwort Angst. Warum ist Angst in Ihren Gedanken, wenn Sie keine Angst haben wollen? Bringen Sie doch das in Ihre Gedanken und Vorstellungen, was Sie haben wollen, und nicht das, was Sie nicht wollen. Sie begeben sich ins falsche Energiefeld.

> **Wenn ein willentlicher Beschluss einer gegenteiligen Speicherung auf der unbewussten Ebene gegenübersteht, siegt immer und ausnahmslos die unbewusste Ebene.**

Sie wollten zwar anders, aber nun stellen Sie fest, dass Sie es trotzdem wieder genau so...

Man kann eine Verhaltensänderung nur in kleinen Schritten und durch bewusstes Training erzielen. In kleinen, gangbaren Schritten müssen wir den alten Speicherungen abweichende neue Speicherungen so lange hinzufügen, bis die neuen Speicherungen die alten Aufzeichnungen überwiegen.

Im Gegensatz zu dem langen Zeitraum, in dem die alten Aufzeichnungen mehr oder weniger zufällig gewachsen sind, sind durch eine solche bewusste Arbeit recht beachtliche Veränderungen nun auch im Zeitraffertempo möglich.

Bei diesem Training ist eine führende, korrigierende und immer wieder auffangende Hand von großer Bedeutung. Dies ist der Grund, warum ich mich nunmehr ausschließlich auf meine Einzel-Intensiv-Wochen konzentriere.

Finanziell betrachtet (auch darüber müssen wir reden), ist dies ein relativer Nonsens. Meine Bücher erreichen nun einmal leider keine Harry-Potter-Auflagenstärke, und eine Woche lang mit einem einzigen Menschen zu arbeiten und ihn dann noch ein Jahr lang telefonisch zu begleiten, ist, gemessen am Einkommen eines Facharztes, so etwas wie ein Mini-Job-Einkommen.

Aber die Freude und Befriedigung, die ich daraus beziehe, und auch die Erfahrung, die ich selbst dabei mache, ist mehr, als mein bereits zitierter Milliardär jemals empfinden oder erreichen wird. Wer ist also reicher? Er oder ich?

Nun machen Sie bitte nicht den Fehler, den Sinn unseres Lebens darin zu sehen, anderen Menschen zu helfen.

> Der Sinn unseres Lebens liegt immer
> und ausschließlich in uns selbst.
> Wir sind hier, um hier eine bestimmte
> Lernerfahrung zu machen.
> Es geht um uns!

Niemand wird als Serviceman oder -frau für andere geboren. Wir sind alle die gleichen geistigen Wesen aus der gleichen göttlichen Urquelle.

Wenn wir dann auf unserem eigenen Weg auch anderen Menschen helfen, wenn wir sie sozusagen mitnehmen, ist das zwar sehr *sinnvoll* und *segensreich,* aber es ist nicht der vordergründige Sinn unseres Lebens, für andere da zu sein.

Es wäre relativ sinnlos, wenn wir anderen helfen würden und dabei selbst nicht weiterkämen, denn zu unserem eigenen Weiterkommen besuchen wir ja schließlich diese Schöpfer-Schule Erde.

> Wir müssen sehr sorgfältig zwischen
> Sinn und „sinnvoll" unterscheiden.

Also bitte nicht missverstehen. Anderen zu helfen ist wunderbar, aber sich dabei selbst zu vergessen, geht am Sinn und am Wert unseres eigenen Lebens vorbei.

Dies ist meine ganz persönliche Meinung, die Sie nicht unbedingt teilen müssen. Ideal ist es natürlich, wenn wir beides, helfen und auch selbst weiterkommen, miteinander verbinden können.

Gehen wir weiter. Ich blicke oft aus dem Fenster meines Arbeitszimmers auf das beeindruckende Gebirgsmassiv der Kampenwand, das mir genau gegenüberliegt, und danke Gott für mein

Leben, danke Gott, dass ich hier leben, arbeiten und lehren darf und dass ich gesund und immer noch relativ klar im Kopf bin. Wie könnte man das noch steigern?

Nach Zeiten des Gigantismus habe ich gelernt, die Freude in den kleinen und unscheinbaren Dingen zu finden. Mein Uhrenhobby, mein Garten und mein immer noch recht bescheidenes Golfspiel, das ich mit meiner Ehefrau teile, mit der ich nunmehr seit neunzehn Jahren zusammenlebe, geben mir immer wieder Kraft und Energie.

Ich bin dem Stoff meiner Lebens-Lern-Aufgabe, die sich in der Startposition meines Geburtsumfeldes abzeichnete, über viele Umwege näher gekommen und habe die Chance, sie nun endlich abzuschließen.

Aber kann man wirklich etwas abschließen, kann man überhaupt so etwas wie ankommen, kann man ein Ziel wirklich erreicht haben, oder stellt es sich am Ende doch immer nur als ein Zwischenziel heraus?

Wenn wir unser Sein als einen einmaligen Vorgang zwischen Zeugung und Tod sehen, gibt es mit dem Tod tatsächlich so etwas wie ein Ankommen. Endstation, die Fahrt endet hier, bitte aussteigen!

Wenn wir unser Sein übergreifend und von einer einzelnen Manifestation unabhängig sehen, gibt es hingegen kein Ankommen.

Es gibt kein Aussteigen, es gibt höchstens ein Umsteigen.

> Unser unbegrenztes geistiges Sein
> kann nicht ankommen.
> Es ist niemals an einem Ende angelangt,
> oder es wäre nicht unbegrenzt.

Was wir auf dieser Erde erreichen können, ist das, was ich als „Meisterschaft des Lebens" bezeichne. Aber wer denkt, dass dann alles ruhig und friedlich wird, hat sich gründlich geirrt.

Ruhig und friedlich wird es höchstens in uns selbst. Wir können das Geschehen mit mehr innerer Ruhe und Gelassenheit betrachten. Aber die Polarität der Schöpfung wird im Außen unbeeindruckt weiter an uns zerren.

Wir können uns nicht einfach ausklinken. Unser Umfeld wird uns wahrscheinlich jetzt noch weniger verstehen als vorher: *„Der war doch früher ganz anders, wieso ist der jetzt so komisch"?*

Wenn Sie solche Sätze hören, erschrecken Sie bitte nicht. Ganz im Gegenteil, freuen Sie sich, denn sie sind der Beweis dafür, dass Sie auf einem anderen Weg sind. Sie müssen nicht so sein, wie andere denken, dass Sie sein müssten.

Hoffentlich haben Sie inzwischen gelernt, trotzdem in Ihrer Mitte zu bleiben und dem Ganzen gelassen zuzuschauen.

Das wäre dann ein Stück Meisterschaft des Lebens.

Vielleicht haben Sie auch inzwischen gelernt, sich selbst nicht mehr so wichtig zu nehmen und das Ganze als ein mehr oder weniger vergnügliches Bauerntheater zu betrachten.

Auch das wäre ein Stück Meisterschaft des Lebens.

Vielleicht haben Sie inzwischen erkannt, dass wir unsere Dramen selbst inszenieren und sie auch selbst wieder vom Spielplan nehmen können.

Wiederum ein Stück Meisterschaft des Lebens.

Wie Sie sehen, gibt es keinen gültigen Maßstab für die Meisterschaft des Lebens. Es gibt keine Prüfungskommission und es gibt kein Diplom, das wir uns an die Wand hängen können.

Die Meisterschaft des Lebens vollzieht sich ganz alleine in uns selbst.

Dabei wird unser Umfeld, das unseren Maßstab in der Regel nicht teilt, auf unserem Weg immer heftiger an uns zerren und es uns nicht ganz einfach machen.

In gewisser Weise wirken wir sogar provozierend. Man spürt unser Anderssein und vielleicht sogar eine gewisse Überlegenheit, und genau das lässt manche zum Angriff blasen. Dem werd´ich´s zeigen!

Einfacher wäre es natürlich, die Meisterschaft im Kreise Gleichgesinnter und in relativer Abgeschiedenheit zu leben. Aber Verzeihung, wir haben ganz bewusst im Hier und Jetzt inkarniert, um an diesem Hier und Jetzt teilzunehmen? Wir sind nicht in diesem Hier und Jetzt, um uns dann daraus auszuklinken.

Natürlich ist es einfacher, ein spirituell orientiertes Leben in Abgeschiedenheit zu führen, als uns dies als Familienvater in einem normalen Berufsleben, als Busfahrer, Rechtsanwalt, Schreinermeister, Sekretärin usw. möglich gemacht wird.

Unser Umfeld ist ja in der Regel ganz und gar nicht spirituell orientiert, setzt uns mächtig zu und zerrt uns hin und her. Ich habe das bereits erwähnt.

Wenn wir es dann trotzdem schaffen, unserer Sicht der Dinge zu siebzig bis achtzig Prozent treu zu bleiben und unseren Maßstab zu leben, dann ist dies für mich mehr wert als einhundert Prozent in Abgeschiedenheit.

Natürlich machen wir unter solchen Umständen Fehler, natürlich erleiden wir Rückschläge, aber wenn wir sie richtig nutzen, machen sie uns stärker, statt schwächer. Das wollte ich Ihnen auch mit meiner Lebensgeschichte zeigen.

Ein Stahl, mit dem man etwas Besonderes vorhat, wird auch besonders gehärtet.

Meisterschaft des Lebens heißt nicht, dass wir jetzt nur noch milde lächelnd „auf Wolke sieben schweben" und für alles unerreichbar sind.

Wir dürfen fröhlich sein, wir dürfen traurig sein, wir dürfen zornig sein, wir dürfen gütig sein, wir dürfen in allen Bereichen Mensch sein und bleiben.

> Aber das Leben hat uns
> nicht mehr in der Hand,
> wir haben das Leben in der Hand.

Das ist der alles entscheidende Unterschied.

Wir funktionieren nicht mehr so, wie andere denken, dass wir funktionieren sollten. Wir sind sozusagen nicht mehr ganz normal.

> Freuen Sie sich darauf,
> nicht mehr ganz normal zu sein!

Es wird Ihr zweiter Geburtstag.

8

Salzburg!

Größere Zusammenhänge werden deutlich

Am besten berichte ich Ihnen ohne lange Erklärungen von meinem ersten Besuch in Salzburg, genauer gesagt, der Salzburger Altstadt. Dieser erste Besuch liegt zwar inzwischen eine ganze Weile zurück, bedeutet aber für mich noch immer so etwas wie ein Schlüsselerlebnis, das mich heute vieles erkennen und auch besser verstehen lässt.

Die berühmte Getreidegasse mit dem Geburtshaus Mozarts, der beeindruckende Dom, die alles überragende Festung, der Mirabellgarten usw. sind Sehenswürdigkeiten, die wohl kein Besucher dieser Stadt auslässt, so natürlich auch ich nicht.

Vor allem für japanische Besucher, die dann in Rudeln brav hinter einem vor ihnen hergeschwenkten Fähnchen herlaufen, mit freundlich lächelnden Gesichtern, den unvermeidlichen Fotoapparat in der Hand, sich gegenseitig vor jedem typischen Motiv fotografierend, scheint diese Stadt ein Magnet zu sein.

Sie haben so etwas sicher auch schon einmal beobachtet. Japaner scheinen sich in der Herde wohlzufühlen, wogegen bei mir in ähnlichen Situationen nur Fluchtgedanken aufkommen. Die Menschen sind eben unterschiedlich.

Als ich nun, so völlig offen für alles Neue und Interessante, begleitet von meiner damaligen Partnerin, mit der ich von Düsseldorf nach München gezogen war, durch die engen Gassen der Altstadt ging, überkam mich das sichere Gefühl, dass ich genau durch diese Gassen schon unzählige Male vorher gegangen war.

Alles war mir seltsam vertraut, obwohl mein Verstand natürlich wusste, dass es mir gar nicht vertraut sein konnte. Ich war ja nachweislich das erste Mal hier.

Ich ging zeitweise wie in Trance, alles war so unwirklich. War ich im Kino oder träumte ich?

Dieses mit dem Verstand nicht erklärbare Gefühl des Vertrautseins mit der Situation steigerte sich dann noch einmal ganz gewaltig, als ich den Salzburger Dom betrat. Hier war ich dann wirklich in einem anderen Film.

Ich hatte das Gefühl, nach Hause zu kommen. Jeder Winkel war mir hier irgendwie vertraut, und als ich vom Altarraum zurück ins Kirchenschiff blickte, wusste ich, dass ich hier schon unzählige Male gestanden hatte.

Aber was heißt hier „wusste ich"? Ich war ja nachweislich das erste Mal hier. Ich konnte ja gar nicht wissen, und spätestens hier stellt sich dann wieder die Frage nach der Identität des Ich. Wer, wie oder was ist Ich?

> Auf der einen Seite wusste Ich,
> und auf der anderen Seite
> aber wusste ich auch,
> dass ich gar nicht wissen konnte.

Spätestens hier sind wir wieder bei der Zweipoligkeit des Menschen aus begrenzter Materie und unbegrenztem Geist.

Dieses unbegrenzte geistige Element, das schon vor dem körperlichen Ich existiert und auch nach dem körperlichen Ich weiter existieren wird, der Tropfen aus der allumfassenden Urquelle, die wir als Gott bezeichnen, wusste etwas, hatte etwas gespeichert, was die begrenzte körperliche Ebene weder wissen konnte noch jemals hatte speichern können.

Wo sonst hätte das Gefühl, ja die Gewissheit, schon viele Male hier gewesen zu sein, herkommen können?

Das Leben endet nie!
Was endet, ist lediglich seine
jeweilige materielle Manifestation.

Das, was die Materie erst lebendig macht, das, was den vergänglichen Körper einmal angenommen hat und auch wieder verlassen wird, der göttliche Funke, das Leben schlechthin, oder wie wir es auch immer nennen wollen, bleibt vom Entstehen und Vergehen der körperlichen Materie unberührt.

Diesem unbegrenzten Element war Salzburg völlig vertraut.

Meinem begrenzten körperlichen Ego, meinem Verstand und seiner Logik hingegen war Salzburg völlig neu.

Ein höchst irritierender Zwiespalt.

Bewusst vermeide ich hier die breit ausgewalzte und häufig zu Werbezwecken missbrauchte Bezeichnung „Seele". Ich habe dies schon hinreichend erklärt. Sie erinnern sich: das Wellnesshotel voller „baumelnder Seelen", und es soll ja sogar „seelische Krankheiten" geben.

Hier wird offensichtlich Seele mit Psyche verwechselt. Und noch etwas, wenn Sie die Bezeichnung Gott oder göttlich nicht sonderlich schätzen, ersetzen Sie sie einfach durch Kosmos, Universum, Schöpfung oder wie auch immer Sie wollen.

Viele sprechen von der Weisheit des Universums, von der schöpferischen Kraft des Kosmos usw. Nun, wer es so sehen und bezeichnen will, der mag es so sehen und bezeichnen. Nichts ändert sich dadurch wirklich.

Für mich allerdings kann nicht das Universum, sondern nur die hinter dem Universum stehende Kraft Träger schöpferischer Weisheit sein. Diese Kraft ist rein geistiger Natur und bleibt selbst unmanifestiert.

Diese Kraft bezeichne ich so, wie es alle Kulturvölker dieser Erde getan haben, als Gott oder göttlich, was nicht heißt, dass ich diese Kraft auch wirklich verstehen könnte. Kein begrenzter Mensch wird dies jemals können.

Wir können diese Kraft aber spüren, wir können ihre Gegenwart erleben, wir können erleben, dass wir in und mit ihr leben. Aber verstehen kann unser Verstand das nicht. Deshalb haben die meisten Religionen anschaubare und damit auch verstehbare Bilder und Symbole kreiert. Aber gehen wir wieder zu unserem Thema Salzburg.

Durch mein wundersames Erleben war ich natürlich neugierig und wollte meiner unbeweisbaren Beziehung zu Salzburg und seinem Dom etwas näher auf den Grund gehen. Richtiger gesagt, mein Ego wollte natürlich wissen, woran es war, wollte endlich Klarheit schaffen. Eine Torheit, wie sich schon bald herausstellte.

Was auch immer ich versuchte, was auch immer ich unternahm, klarer wurden die Dinge nicht, ganz im Gegenteil. Natürlich besuchte ich die Krypta unter dem Dom, in der die verstorbenen Salzburger Bischöfe, Erz- und Fürst-Bischöfe ihre letzte Ruhe gefunden haben. Ich bezweifle allerdings, dass wirklich alle Ruhe gefunden haben, denn es waren auch kriegerische und machtbesessene Despoten unter ihnen. Aber gerade in der Krypta stellte sich bei mir keinerlei Nähe oder Vertrautheit ein. Mit diesen Verblichenen hatte ich offensichtlich nichts zu tun.

In der Dom-Buchhandlung durchforstete ich alles, was über die Geschichte des Doms und seiner Hausherren erreichbar war – vergebens! Lediglich einer der Verblichenen, ein gewisser Erzbischof Pilgrim II. von Puchheim, löste in mir so etwas wie Verstehen aus. Er war mir – zumindest in seinem Charakter – nicht so ganz fremd. Zu wenig aber, um daraus etwas abzuleiten.

So habe ich es dann letztlich aufgegeben, eine Erklärung zu finden, und lasse die Dinge so, wie sie sind. Wir müssen nicht immer und unbedingt alles ergründen und verstehen. Unser Verstand und damit unser Verstehen sind nun einmal begrenzt.

Ich genieße einfach Salzburg, das nur eine halbe Autostunde von meinem heutigen Wohnsitz entfernt liegt. Ich gehe in diesem Sinne des öfteren nach Hause, gehe des öfteren in meinen Dom, und wenn ich vom Altarraum ins Kirchenschiff blicke, muss ich mich sichtlich zurückhalten, keine Predigt zu beginnen.

Ich könnte – sofort und auf der Stelle – garantiert! Aber wahrscheinlich würde ich ebenso garantiert und sofort und auf der Stelle hinausgeworfen werden, und aus meinem Dom will ich mich nun einmal nicht hinauswerfen lassen. Ich halte also brav den Mund.

Ja, aber auch hier stellt sich erneut die Frage, welches Ich könnte sofort und auf der Stelle? Natürlich würde ich dazu auch meinen

Verstand brauchen, aber mein Verstand würde nur etwas formulieren und deutlich machen, was aus einer ganz anderen Ebene entspringen würde. Mein Verstand wäre lediglich ein Werkzeug.

Ich weiß nun nicht, wie Sie über solche Dinge denken, aber ich bin der festen Überzeugung, dass es meine, mit dem Verstand nicht erklärbare Beziehung zu Salzburg war, die mich letztendlich und nach vielen Irrwegen wieder in diese Gegend zurückgeführt hat.

Zwischenstationen wie die Landsitze in Irland oder das Wasserschloss am Niederrhein konnten in diesem Sinne einfach nicht gutgehen und mussten korrigiert werden.

Reste meines Gigantismus, die zeitweilige Prunksucht und die Nähe zur Kunst, die wohl ebenfalls mit Salzburg verbunden waren, wurden für mich plötzlich erklärbarer, und mein alter Drang zu predigen, tobte sich zeitweise in meinen Vorträgen, Seminaren und Montagabenden aus, immerhin etwas ungefährlicher als im Salzburger Dom. Hier konnte mich niemand hinauswerfen.

*Ich bin überzeugt,
dass das Leben übergreifend ist
und wir nicht so ganz unbedarft
auf dieser Erde geboren werden.*

Das gilt natürlich nur für unser unbegrenztes geistiges Sein, unsere materielle Manifestation ist endlich. Davon bleibt absolut nichts bestehen, sie ist nicht wiederholbar, sie wird niemals wiedergeboren. Unser personales Ich endet unwiderruflich mit dem Tod.

Wie ich schon in einem vorherigen Kapitel gesagt habe: Es sind die einzelnen Perlen, die erst am Ende eine Halskette ergeben. Diese Halskette wurde mir in Salzburg bewusst.

Welche Kraft auch immer diese Kette knüpft, nichts in unserem Leben geschieht dabei zufällig.

Wir werden wie an einer langen Leine geführt, und im ständigen Hin und Her zwischen den Polen liegt letztlich der gerechte Ausgleich.

Der von mir sehr geschätzte Willigis Jäger, ein Benediktinerpater und Zen-Meister, hat dazu in einer CD mit dem Titel „Das Leben endet nie" wunderbare Gedanken entwickelt. Eine absolut empfehlenswerte Audio-CD, die weit über die hier angeschnittene Thematik hinausgeht.

Schauen wir am Ende noch einmal auf meinen bisherigen Lebensverlauf und gehen wir einmal davon aus, dass gewisse Prägungen der vermuteten, aber leider unbeweisbaren Salzburger Umstände immer noch wirksam waren.

Berücksichtigen wir dabei das geistige Gesetz der Polarität, nach dem bedeutende Ausschläge auf einer Seite der Polarität immer nach einem Ausgleich auf der anderen Seite der Polarität verlangen. Nichts bleibt am Ende ohne Ausgleich.

Wenn es eine Salzburger Existenz gab und wenn sie mit dem Dom und seinen Hausherren in Verbindung stand, dann war dies sicher keine Existenz in Not und Armut, wohl eher im Gegenteil.

Also nahm das unbegrenzte geistige Element, das dieses Erleben in sich trug, eine körperliche Manifestation an, die zunächst auf die genaue Gegenseite führte: Sohn ungelernter Fabrikarbeiter, in geistiger und materieller Armut aufgewachsen, Hunger und Todesangst erlebend, als Außenseiter verspottet und gemieden, die Sprache zeitweilig gänzlich verloren.

Der, der im Dom offensichtlich so gerne geredet hatte und dort auch heute noch gerne reden würde, wurde zunächst einmal stumm gestellt.

Der, der erneut materielle Güter ansammelte und dem sein Ansehen wichtig war, wurde zweimal auf null reduziert. Sogar die zwangsweise Arbeit in einer Baumschule drohte.

Allerdings kein beängstigender Zustand. Die erfahrene und sturmerprobte geistige Ebene war stark genug, sich immer wieder aufzurichten und den ihr servierten Lernstoff zu verarbeiten. Inzwischen hat sie verstanden und weitere Reduzierungen erübrigen sich, so hoffe ich jedenfalls!

Wir bekommen einen Lernstoff so lange vorgesetzt, bis wir endlich verstanden haben.

Es gibt Menschen, denen passiert immer wieder das Gleiche, und man fragt sich, warum? Sie werden z.b. dreimal von annähernd gleichen Partnern aus den annähernd gleichen Gründen geschieden und haben nichts gelernt. Warum?

Sie haben nicht verstanden, sie haben nicht erkannt, sie haben nicht hinterfragt. Und wenn sie weiterhin nicht verstehen, bekommen sie den gleichen Lernstoff so lange vorgesetzt, bis sie endlich verstehen.

Einen großen Zeitanteil meiner Einzel-Intensiv-Wochen verwende ich deshalb darauf, die zentrale Lebens-Lernaufgabe eines Menschen herauszufinden. Wenn wir wissen, um was es im Kern geht, wird vieles für uns leichter und verständlicher.

In der Schöpfer-Schule Erde können wir keinen Lernstoff auslassen, können uns vor keiner anstehenden Lernaufgabe drücken.

Das System ist absolut unbestechlich, und das Maß, mit dem wir dabei gemessen und gewogen werden, ist für alle gleich.

Gleichgültig, an welcher Stelle wir gerade stehen, gleichgültig, mit welchen Orden und Ehrenzeichen wir uns auch gerade schmücken, sie sind allesamt bedeutungslos.

Am Ende zählt nur das, was wir mit unserem Leben angefangen haben. Sind wir gewachsen, sind wir auf der geistigen Ebene weitergekommen, haben wir etwas erkannt, sind wir ein Stück weiser geworden?

Natürlich macht uns das Sammeln irdischer Ehrungen Spaß und löst auch so etwas wie Befriedigung aus. Aber was wird hier befriedigt? Unser Ego natürlich. Wir können uns großartig und wichtig fühlen. Wir sind wer, wir bedeuten etwas in dieser Welt. Die Umwelt zollt uns die nötige Anerkennung.

Und wenn wir diese Anerkennung selbst nicht erreichen können, hängen wir uns einfach an etwas oder jemanden an, der diese Anerkennung bereits genießt. Auch ein Verein, der Meister wurde, dem wir uns verbunden fühlen und dessen Trikot oder Schal wir vielleicht sogar tragen, lässt uns zumindest für einen Moment meisterlich fühlen.

Aber all das nützt uns wenig, wenn wir auf der unbegrenzten geistig-seelischen Ebene keinen Schritt weitergekommen sind. Das, was wir auf der geistigen Ebene erreichen, ist das Einzige, was wir mitnehmen.

Alles andere bleibt im Spiel, alles andere war nur Spielkram. Ich wünsche Ihnen trotzdem ein schönes und lehrreiches Spiel. Haben Sie Spaß an diesem Spiel! Es wäre schade, wenn Sie nur sinnlos gekämpft und sich geärgert hätten.

Wenn ich dieses Buch „Der Weg zur Meisterschaft" genannt habe und Ihnen dabei einige Schlüsselstationen aus meinem eigenen Leben aufgezeigt habe, dann geschah dies nur, um so etwas wie einen roten Faden deutlich zu machen, der sich durch jedes menschliche Leben zieht. Ich selbst bin dabei völlig unwichtig.

> *Jeder Mensch ist auf dem Weg zur Meisterschaft.*
> *Jeder Mensch wird wie an einer langen Leine geführt.*
> *Nichts geschieht zufällig.*

Auch Sie, verehrter Leser oder Leserin, sind auf dem Weg zur Meisterschaft, auch wenn Sie sich selbst vielleicht eher in der Gegenrichtung sehen würden. Aber so zutreffend diese Feststellung auch ist, so ist sie doch auch gleichzeitig falsch.

Es sind nicht Sie, der Franz, die Erna, oder wie auch immer Ihr Name sein mag, es ist nicht Ihre körperliche Manifestation. Aber wie sollten wir sonst miteinander reden?

Es ist allein Ihr unsterbliches geistiges Sein, das sich dieses Körpers bedient, um darin eine wichtige Erfahrung auf seinem Weg zu machen.

Ich wünsche Ihnen einen guten, vertrauensvollen und erfolgreichen Weg.

Ihr
Matt Galan Abend

Ihre Kontaktmöglichkeit zum Autor:

e-mail: galanmaster1@t-online.de
Homepage: www.Galan-Master-Training.de

Das einmalige Angebot einer Einzel-Intensiv-Woche

Matt Galan Abend arbeitet eine Woche (Mo-Fr), ausschließlich mit Ihnen alleine. Dies ist angezeigt, wenn es gilt, tief eingefahrene Denk- und Verhaltensstrukturen endlich zu überwinden. Die Einzel-Intensiv-Woche beinhaltet zu Absicherung des Ergebnisses eine einjährige telefonische Nachbetreuung. (ausführliche Informationen auf der Homepage)

Selbstverständlich sind auch Einzelberatungen in allen privaten und beruflichen Problemfeldern, ein längerfristiges Coaching, wie auch eine neutrale und ergebnisoffene Partnerschaftsberatung oder -begleitung möglich.

Jeder Weg beginnt mit dem ersten Schritt.

Weitere Bücher aus dem Verlag Via Nova:

Warum lebe ich?
Wie ich meine Lebens-Lernaufgaben erkennen und lösen kann
Matt Galan Abend

Hardcover, 144 Seiten, ISBN 978-3-86616-331-7

Nichts in dieser Schöpfung geschieht zufällig – davon ist der Autor dieses Buches aufgrund Jahrzehnte langer Arbeit mit Menschen zutiefst überzeugt. Seine Botschaft: Hinter allen sich wiederholenden Dramen des Alltags stecken die zentralen Lernaufgaben unseres Lebens. Erst wer sie wirklich erkennt und sich ihnen stellt, erfährt jene Meisterschaft, die zu tiefer Ruhe und Gelassenheit führt. Dieses Buch hilft, seine wahre Lebensaufgabe zu erkennen. Wenn das nicht geschieht, werden wir so lange Leid und Enttäuschungen erfahren, bis sie uns bewusst wird und wir beginnen, sie zu verwirklichen. Wer versteht, dass das Leben sein bester Lehrmeister ist, weiß auch, dass er vom Großen Ganzen stets geführt, geschützt und getragen ist! Und wenn wirklich nichts zufällig geschieht, dann auch nicht, dass Sie jetzt dieses Buch entdeckt haben.

Den engen Käfig des Ego verlassen
Aufbruch in die Fülle des Lebens
Matt Galan Abend

Hardcover, 160 Seiten, ISBN 978-3-86616-295-2

Was hindert uns, die Vollkommenheit der Schöpfung und das Wunder unseres einzigartigen menschlichen Daseins in seiner Ganzheit zu erfahren? Und zwar nicht irgendwann, sondern hier und jetzt! Auf diese Frage eine ehrliche Antwort zu finden, dazu fordert uns Matt Galan Abend in seinem neuen Buch kompromisslos auf: sich den Konditionierungen unseres Egos zu stellen, den Kompromissen der Selbstgenügsamkeit, den Komfortzonen und allen Tricks unseres Geistes, die „es" auf später verschieben wollen. Doch es gibt nur das Jetzt! Und erst da, wo scheinbare Sicherheiten aufgegeben werden, winkt die wahre Freiheit und die ganze Fülle des Lebens. Dieses Buch ist ein spiritueller Weckruf und erinnert an ganz Wesentliches: nicht festzuhalten und stets weiterzugehen auf dem Weg zu mehr Bewusstheit!

Stehe über deinem Denken!
5 wirksame Schritte zur Beherrschung deiner Gedanken
Matt Galan Abend

Hardcover, 144 Seiten, ISBN 978-3-86616-260-0

Mal ehrlich, wo sind Sie jetzt im Moment mit Ihren Gedanken? Wirklich hier und jetzt? Wach, bewusst und konzentriert? Oder geht es Ihnen wie den meisten von uns: Sie werden zum großen Teil von Ihren unbewussten Gedanken beherrscht und machen sich dies gar nicht bewusst. Dann haben Sie Glück, denn dieses neue Buch weist Schritt für Schritt den Weg zu einem wirklich bewussten Denken. Es zeigt auf, wie enorm wichtig es ist, seine Gedanken zu beherrschen, denn sie bestimmen und erschaffen unsere Wirklichkeit, unsere Identität, unser gesamtes Leben. Dieses Buch und sein leicht erlernbares Trainingsprogramm eröffnet die große Chance, sein Leben in neuer Bewusstheit zu erleben, und zeigt, wie unerschöpflich die Möglichkeiten sind, es neu zu gestalten.